容靈 著

中國基督教的《紅樓夢》何時出現？

容靈文學與創作論集

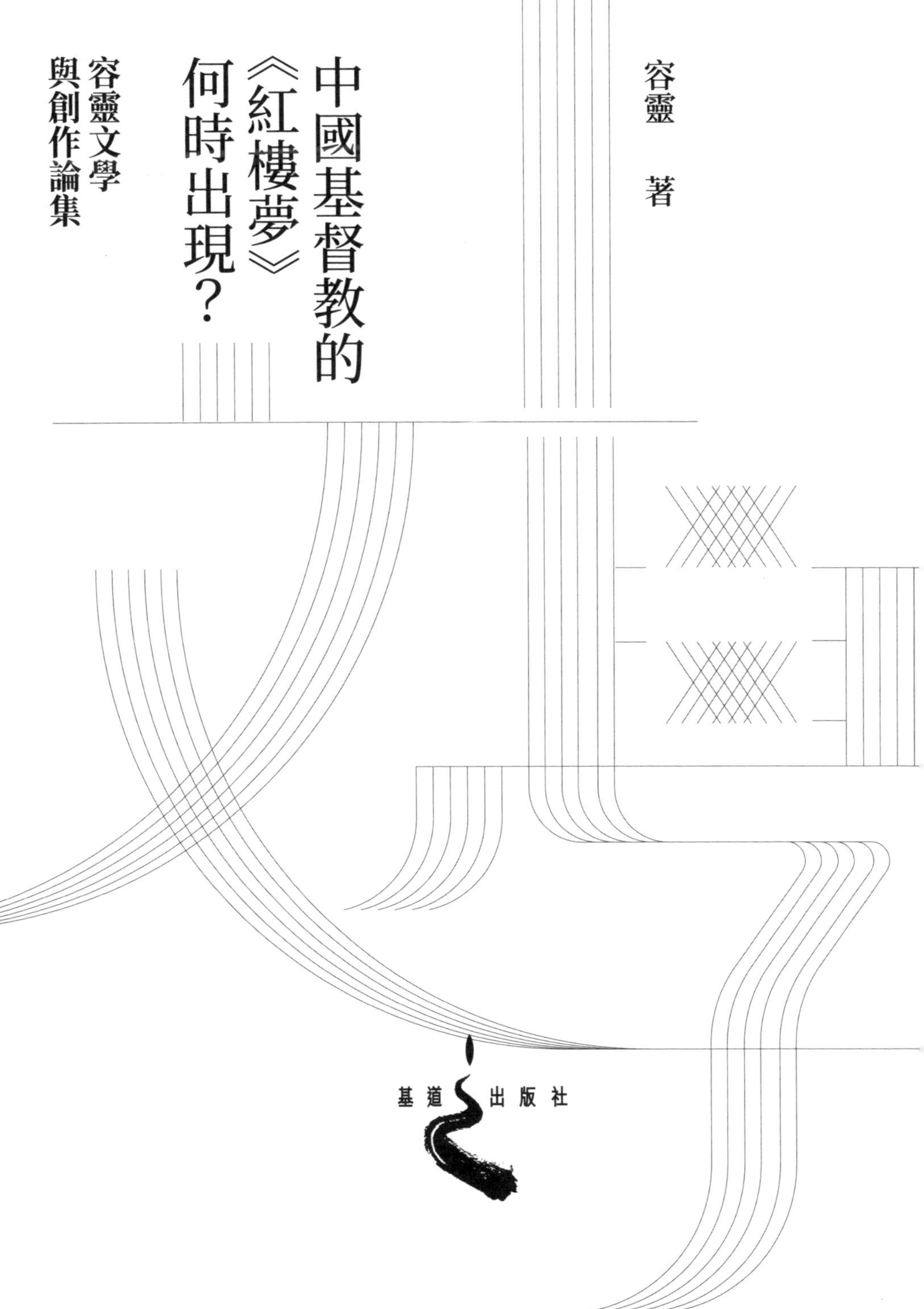

基道出版社

中國基督教的《紅樓夢》
何時出現？

容靈文學與創作論集

作者　容靈
裝幀設計　奇文雲海
出版／發行　基道出版社
香港沙田火炭坳背灣街 26 號富騰工業中心 10 樓 1011 室
電話：(852)2687 0331　傳真：(852)2687 0281
網址：https://www.logos.com.hk
承印　陽光（彩美）印刷有限公司
版次　6/2022 初版

When Will a Great Chinese Christian Literature Work Comparable to *The Dream of the Red Chamber* Be Produced?

A Collection of Yungling's Essays on Literature and Creative Writing

Author　Yungling
Design　Chival IDEA
Publisher / Distribution　Logos Publishers
Unit 1011, 10/F, Fo Tan Industrial Centre,
26 Au Pui Wan Street, Fo Tan, Shatin, Hong Kong
Tel: (852)2687 0331　Fax: (852)2687 0281
Website: https://www.logos.com.hk
Printer　Sunshine (Caimei) Printing Company
Edition　1st 6/2022
ISBN　978-962-457-625-2
Cat No.　LP838

獻給

當代基督徒小說家

筆者十分盼望有生之年，

可以看到咱們的作品，

有一本中國基督教的《紅樓夢》！

目錄 contents

第二輯

領受與看見

蕭序

癡人說夢

蕭恩松牧師　浸信會出版社榮休社長

更正教來華二百年，華人教會（及信徒）今日的文學素養可在這個世代（約四十年）滋生出相當於《紅樓夢》水準的著作嗎？對這個問題，相信大部分有識之士充其量只持觀望態度，雖然近半個世紀的歲月足以掀起極大的變數，但文學事業，在今天廿一世紀二十年代的大氣候中，已淪為夕陽工業，前景不容樂觀。

查《紅樓夢》，（清）曹雪芹／高鶚著，一七九二年出版，有多個版本，是中國古典章回小說的巔峯之作，具極高思想和藝術價值，雄踞四大名著之首，超越《三國》、《水滸》、《西遊》的盛名。

作者以貴族家庭的興衰為主軸，描述一個美好世界的開始、發展，以至衰敗、幻滅。其中創造了兩個對比鮮明的世界，即大觀園外的現實世界（代表骯髒墮落）和大觀園內的理想世界（代表乾淨純潔）。作者無情地指出，現實世界的力量不斷摧殘理想世界，非將之完全毀滅，誓不言休。

《紅樓夢》的故事以賈寶玉、林黛玉、薛寶釵三人愛情糾葛為主線，以賈、史、王、薛四大家族的榮辱興衰為背景，濃縮了整個封建社會的時代內容，揭示出封建末世危機。此書影響流傳甚廣，享譽古今海內外。（清）得輿在他的《京都竹枝詞》中有以下名句，可見一斑：「開談不說紅樓夢，讀盡詩書也枉然。一曲紅樓多少夢，情天情海幻情身。」

作者以親身經歷，在揭露封建社會上層階級的荒淫和腐朽的同時，正面描述純美真摯的愛情故事。書中塑造了一大批個性鮮明的人物，文筆流暢而細膩，詞彙豐富，語言凝煉，並富藝術魅力，又呈現不少優美詩詞，更打破了「好人全好、壞人全壞」的俗套。書中包含詩、詞、曲、賦、偈、酒令、笑話、謎語、題匾、八股文等不同文體的創作與批評，又有命理卜辭、脈案藥方、訟狀塘報等，蔚為大觀。

若說華人教會和信徒的文學素養和功力，今時今日尚未達到《紅樓夢》的水平，那麼，四十年內可成大器嗎？

相信對此嗤之以鼻，斥為無稽之談的人，可不在少數，因為現實場景與理想願景相去十萬八千里，令人可「斷章取義」地挪用使徒保羅的話，說難以拆毀中間隔絕的牆，使雙方（場景和願景）合而為一（弗二14，《和合本2010》）。

可是，願景得以實現，必先有人敢「說」出來，即使在當時是完全不切實際的狂想，使說夢的人被定型為「癡人」，正如本文標題的顯示。因此，癡人說「夢」可不是壞事，若所說的是中國基督教的《紅樓夢》！

案頭上有馮其庸「重校評批」、白先勇「細說」、周汝昌「精校」／劉心武「復原／續寫」的，共三個版本《紅樓夢》，多年來珍之重之，無限愛惜。心想華人基督徒作家有朝一日推出有如「基督教的《紅樓夢》」的文學作品，那該是多麼令人嚮往和雀躍的一天。

可是，究竟甚麼是中國基督教的《紅樓夢》？

將人世間的兒女私情發揮到淋漓盡致，無疑是《紅樓夢》最大的亮點。基督教的《紅樓夢》，必然會將它信仰的核心——神的愛——同樣發揮得淋漓盡致。正如新約聖經哥林多前書十三章中的「愛的篇章」所言：

> 我若能說萬人的方言，並天使的話語，卻沒有愛，我就成了鳴的鑼，響的鈸一般。我若有先知講道之能，也明白各樣的奧祕，各樣的知識，而且有全備的信，叫我能夠移山，卻沒有愛，我就算不得甚麼。我若將所有的賙濟窮人，又捨己身叫人焚燒，卻沒有愛，仍然與我無益。

愛是恆久忍耐，又有恩慈；愛是不嫉妒；愛是不自誇，不張狂，不做害羞的事，不求自己的益處，不輕易發怒，不計算人的惡，不喜歡不義，只喜歡真理；凡事包容，凡事相信，凡事盼望，凡事忍耐。愛是永不止息。先知講道之能終必歸於無有；說方言之能終必停止；知識也終必歸於無有。我們現在所知道的有限，先知所講的也有限，等那完全的來到，這有限的必歸於無有了。我作孩子的時候，話語像孩子，心思像孩子，意念像孩子，既成了人，就把孩子的事丟棄了。我們如今彷彿對著鏡子觀看，模糊不清，到那時就要面對面了。我如今所知道的有限，到那時就全知道，如同主知道我一樣。如今常存的有信，有望，有愛這三樣，其中最大的是愛。

然後，加上促使信徒付之於行動的「綿羊和山羊的比喻」（太二十五31～46）：

當人子在他榮耀裏、同著眾天使降臨的時候，要坐在他榮耀的寶座上。萬民都要聚集在他面前。他要把他們分別出來，好像牧羊的分別綿羊山羊一般，把綿羊安置在右邊，山羊在左邊。於是王要向那右邊的說：「你們這蒙我父賜福的，可來承受那創世以來為你們所預備的國；因為我餓了，你們給我吃，渴了，你們給我喝；我作客旅，你們留我住；我赤身露體，你們給我穿；我病了，你們看顧我；我在監裏，你們來看我。」義人就回答說：「主啊，我們甚麼時候見你餓了，給你吃，渴了，給你喝？甚麼時候見你作客旅，留你住，或是赤身露體，給你穿？又甚麼時候見你病了，或是在監裏，來看你呢？」王要回答說：「我實在告訴你們，這些事你們既做在我這弟兄中一個最小的身上，就是做在我身上了。」王又要向那左邊的說：「你們這被咒詛的人，離開我！進入那為魔鬼和他的使者所預備的永火裏去！因為我餓了，你們不給我吃，渴了，你們不給我喝；我作客旅，你們不留我住；我赤身露體，你們不給我穿；我病了，我在監裏，你們不來看顧我。」他們也要回答說：「主啊，我們甚麼時候見你餓了，或渴了，或作客旅，或赤身露體，或病了，或在監裏，不伺候你呢？」王要回答說：「我實在告訴你們，這些事你們既不做在我這弟兄中一個最小的身上，就是不做在我身上了。」這些人要往永刑裏去；那些義人要往永生裏去。

依據個人意願，能將上列兩段經文的中心思想充分發揮，促使讀者照著去行的文學作品，就與所謂「基督教的《紅樓夢》」相去不遠了。

謹存敬畏的心，與讀者諸君互勉，共同殷切期盼中國基督教的《紅樓夢》，將在我們有生之年出現眼前！

梁序

梁永泰博士　恩光書院院長

認識容靈，是一次在教會聚會中的偶遇，發現他熱愛評論基督教的文藝創作。他為基督徒缺乏文學創作而著急，數年前開始專注寫小說。

容靈在本書中引用基督徒作家如蘇恩佩和張曉風，文字工作者如李淑潔和范鳳華，教牧如陳天賜和陳佐才，他們都惋惜基督徒的文學，尤其是小說，鳳毛麟角。

怎樣促進藝術？容靈引用白先勇的筆觸看小說和文學，要洞察時代，深究人性，熱愛生命。

同樣，對我來說，也許基督徒小說和文學作者，最先有感觸的可能是關乎生命和處境的相遇，而不一定是基督信仰的思想。

生命怎樣與處境相遇？就是人要對時代有觸覺，對環境敏銳。要對自己的時代負責任，使創作者的內在心靈與時代的呼喊交錯。從基督信仰而來的世界觀，知道上帝創造人和世界的美善。然後因人犯罪後而產生的各種錯謬，而心裏焦急。思想為甚麼人竟會墮落如此，又怎樣使人與上帝、與大地復和？

基督徒作者也會思想：為甚麼現今的媒介都充斥著世俗的價值？例如在小說中充滿政治的謊言、物質的虛浮、個人的榮辱，和沒有明天的絕望？

所以基督徒的文學作者不是先以概念性看自己基督徒的身分，而是身處人羣當中，聆聽其悲鳴，感受自己內心血脈的躍動，心裏不甘。為甚麼不甘？因著基督已經為罪人死而復活，所以無論世界怎樣黑暗，上帝都可以使枯骨復活！

基督徒的文學作者，是要面對時代的。耶穌的時代怎樣？不舉哀不跳舞，感情麻木。

然而我們今天的世代又如何？第一、是科技將人定型的時代，一切機械文化主導，功能主義，效率至上；不尊重人性和人際關係。

第二、是中西矛盾的時代。以美國為首的西方集團，恐怕一個來自非西方勢力的興起，一個以共產主義起家，以社會主義為治，以市場經濟結合政府意志的大國。這個局面真的沒有相容性嗎？沒有創世記所說的各從其類和多元合一嗎？

第三、是生態危機的時代。瘟疫當前，人人平等。只是一些傲慢的人會先受其害。愈先進的國家愈是傷痕累累。需要反省。

怎樣以文學回應時代？我在高行健取得諾貝爾文學獎之際，寫了一篇短評，說他有雙軸視野，所以得獎。這雙軸可以幫助我們回應時代。

第一個軸是作者要進入自己民族的幽暗處，有本土情懷，有自我文化意識。第二個軸是要有全球視野，國際精神，未來感與歷史感。而且能夠用現代文學創新的手法，例如戲劇的浮動視點來創作。

容靈就我的短文加多第三個軸，就是基督徒要與上帝相通，以天國的角度看人間，我基本上是同意的。

如果有了這三個軸，基督徒作家就可以面對時代。信仰的回應不是引經據典，不單是概念性的思想，而是以上帝所賜的生命，個人和集體的生命，血肉之軀，進入時代，探索上帝的世界，面向種種的張力，不斷以創新的精神，貫注於文學和小說作品之中。

這是一個既孤單又令人興奮的過程。我從前在突破從事影音創作，以信仰為出發點，創作影音作品，面向時代，祝福青年：看香港回歸、教會失據、中港前途、東歐變遷、大陸創路人、青年運動員等，同出一轍。

我現在開創恩光書院，以信仰的角度，看時代脈搏，看生命故事，看未來趨勢。我們與阿斯伯里大學（Asbury University）合作的數碼敍事碩士課程，是這方面的努力。數碼敘事是另一種文學的手法，文字的詮釋。小說的多元敘事，會增加想像，我相信這個天空是廣闊的。

如此容靈對大家的寄望：中國基督徒寫出《紅樓夢》水平的作品，應該不會落空，我們一起努力吧！

二〇二二年一月五日

第一輯

個人感受、文學思考與文化探索

01 苞蕾如何盛放？——基督教文學創作有感

《基道閱讀》第八期（一九九九年四月至六月），小德子以〈又到春天，又是文藝頒獎的佳節！〉為題，寫了一篇短文，扼要地介紹一九九八年度的湯清文藝獎。當中提及，「湯清基督教文藝年獎的設立，希望可以鼓勵更多新進加入文字事工的行列，從而擴闊及深化基督教文化的向度。」此外結尾更言，「又到春天，又再喜見基督教文藝創作苞蕾盛放之日。」這些話不禁使筆者感受頗深，連帶起的聯想也多。

明顯，小德子以春天這個佳節作為敍述的背景，藉此襯托湯清文藝獎的評審結果。然而，如此表達，似乎給人一種感覺：基督教文學創作正欣欣向榮，至少小小的苞蕾已盛放了。如果這是指中國文學大園圃裏（基督教文學理所當然是在中國文學的大園圃裏），一支「基督教文學」枝幹上的苞蕾在盛放，這可以說無可厚非。不過，它只是孤獨地放香，而不與其他花朵相輝相映，最終更不把種籽傳送到周圍遠近的地方，使更多基督教文學或受基督教文學影響的花朵綻放起來，到最後凋零枯萎。幸運的話，一段時間後又重新盛放苞蕾，結果是周而復始，其影響有限，甚或幾近於零！

「苞蕾」這襯托之喻，我頗有感受。對小德子而言，「苞蕾」可能是那篇短文中順帶的一筆，然而對於筆者來說，它卻有寫實之意。所謂「苞蕾」可想而知，它的體積較為細小，基督教文學的書籍佔基督教書籍出版的比例，也很小。有心認識基督教文學創作情況的人，只要多逛數間基督教書店，就知道基督教的文學創作仍是十分貧乏。放眼海外，情況恐怕也好不了多少。事實上，基督教文學作品數量稀少，原因固然是多方面的，但是，很少人願意在基督教文學領域裏嘗試創作或全力耕耘，相信才是主要原因。其次，要數恩賜、心志、毅力和天分了。

小德子這篇短文，刊在「讀家報導」一欄，只以報導為主，對基督教的文學創作，提得很少。但是，對於關心基督教文學創作的人，這些報導卻會引起「有心人」不少感觸。湯清文藝獎對於推動或鼓勵創作，自有一定的作用，然而要擴闊或深化基督教文化的向度，仍然需要許許多多「有心人」，同心協力，才能有實質的進展！

此外，我以「苞蕾如何盛放？」為主題，實在只是感懷所致，並無對小德子有任何批評。苞蕾盛放起來，會如何呢？苞蕾本身可能很細小，盛放起來大概只可及身而止。它不是奇葩，因而不是獨特的，也不是鮮艷的，況且單獨地一朵兩朵的盛放，作用是不大的！

故此，代表蘇恩佩文藝思想的一篇文章〈基督徒與文藝創作〉，最後的一句話，三十一年後的今天仍有意思：「這一代中國基督徒能否在文藝上有成就，有待許許多多拓墾者的努力。」

一九九九年七月三日寫成這篇文章，二〇〇〇年八月十日略略修改。最後，二〇二一年七月二十三日略略修訂。

02 為何基督徒要看小說？

在《更新資源通訊》二〇〇〇年三月至五月號（總第三期）裏，陳天賜牧師曾撰寫一文，題為〈為何基督徒不看小說？〉（以下簡稱〈不看〉），從「反面」來看基督徒閱讀小說的價值。文中提出不少有益的看法，不過都由「反面」而來。例如「基督徒認為小說的內容是不真實的」，陳牧師指出「當作者掌握到生活的精髓，便能夠藉構思出來的場景、人物、情節，讓讀者接觸到真實世界的一面」。說到「閱讀小說是不切實際的」，陳牧師的回應也有意思：「其實小說能夠幫助信徒重整或構思出一些曾經在聖經中出現過的處境及情節，我們走進小說裏，與主角一同上路，一同經歷，我們的生命也會得到更新。」

凡事有「反面」也有「正面」，以下扼要地提出兩點，從「正面」談談為何基督徒要看小說，藉此彰顯基督徒看小說的重要。與〈不看〉合讀，相信會更加完整。

第一，文學是情感的教育，閱讀小說能使我們的情感比較成熟敏銳。著名小說家白先勇年初到香港演講，講詞經過整理成為文章，題為〈我的創作經驗〉，刊在《明報月刊》三月號。文中提及文學有何作用：「文學或許不能幫助一個國家的工業或商業發展，但文學是有用的，它是一種情感的教育。想作一個完整的人，文學教育是非常重要的。它可以培養你的美感，對人生的看法、對人的認識，它在這方面的貢獻最大，不是別的東西所能替代。」

再問得尖銳一些，「那麼小說到底有甚麼功用？」白先生在二十多年前有一篇文章，對這個問題作出回應：「大概小說實際的效用會愈來愈小，對於個人的修身齊家，或是社會改革恐怕功效不大。……如果一定要說讀小說有甚麼『用』，大概小說最大的用處是一種『情感教育』，讀了一些偉大的小說，使我們的情感比較成熟敏銳，對人生的了解比較深刻。」

調子顯得悲觀，而主張也與上文相似，但是這裏指出另一個重點：閱讀小說能使我們「對人生的了解比較深刻」！

基督徒要閱讀小說的第二個原因，是因為這樣能平衡華人教會「少用感性，多用理性」的不足。當然，更正教注重精確而詳細解釋聖經，其來有自，這裏不能詳細說明。不過，從講壇發出的信息，明顯地常以「反省」、「反思」或「思考」出之，完全以解釋、分析和綜合為主，比喻或故事的表達僅屬輔助性質。固然常有人說，你有甚麼思想就有甚麼行為，或說你的神學觀點怎樣，你的行動也怎樣。但是，稍有見識的人也知道，人有理性和感性，兩者集於一身；如果那人太過理性或太過感性，都不是一件好事。所以基督徒常常用理性來思考問題，辨明真理，卻少用感性來作平衡，使生命外在只有理性的堅持，內裏缺少一份情感的充實，因而流於「有義無情」的外在形象。如果那本小說能夠從生活的精髓出發，用動人心神的人物和情節呈現生活皮相下的真實人生，基督徒閱之感之，正如陳牧師的分享，「我們的生命也會得到更新」！

在現當代中國文學而言，小說是四大文類之一（另外是新詩、散文和戲劇），閱讀文學作品應該包括另外三種文類。本文以小說為例，除了順應陳牧師〈不看〉一文以閱讀小說為重點外，主要原因在於小說有場景、對話、人物、情節、故事等等細節，較為具體，容易使人領悟和反省。故此，怪不得有人稱小說為「第二天性」（Second Nature），而陳牧師更直截了當地指出，「雖然小說體裁的著作絕迹於華人基督教圈子裏，但小說卻是現今最看重的文學體裁之一。」

希望陳牧師「反面」和小弟「正面」的分享，有助基督徒認識閱讀小說的重要。我們想作「完整的人」，閱讀文學作品是少不了的；當我們嘗試走進小說的世界，感受一下其中人物微妙而複雜的關係，透視人心的深處，我們的美感，對人生的看法和對人的認識，也會深厚起來。如此，理性和感性有更高度的融合（fusion），我們的人生也隨之更立體和豐富了！

二〇〇〇年四月十九日寫成這篇文章，二〇〇〇年八月十一日略略修改。最後，二〇二一年七月二十七日略略修訂。

03 面面相觀之後

任何事情或道理，都可從不同角度入手，或觀察或理解，甚至進行闡釋。尤有進者，若能拿出不同角度的觀點，加以互相對照，更可達至互相發明之效；當然常常出現的情況是觀點的商榷。不過，商榷之餘，事情或道理往往得以釐清，問題也隨之減少，深一層的實相甚或洞見就會浮現。

這些步驟，筆者合稱「面面相觀之後」。

本文要「面面相觀之後」的，是《時代論壇》第六六三期（二〇〇〇年五月十四日）陳天賜牧師所寫的〈為何基督徒不看小說？〉（以下簡稱〈不看〉）。此文已刊登十二星期，時間算是不短，似乎直到如今仍沒有人回應過。這篇文章確實含有不容看輕的一面；正如題目所暗示，基督徒不看小說。歸根究底這牽涉到不少基督徒不看文學作品。說起來，這個問題在有限的篇幅裏不容易說得清楚，所以本文只以〈不看〉中一些字詞和觀點作出「面面相觀之後」，務求帶出一些事實和新的觀點，希望使一些基督徒「改變初衷」，從「不看」漸漸嘗試「看」，若能達到「要看」就更好不過！

一「惟獨」的弦外之音

〈不看〉第一句便出現一個隱含的說法，而且包含和牽涉一些字詞的運用，值得注意。「你有否留意，在華人基督教文學中有一個欠缺？我們有各種各樣的文學作品，惟獨沒有好的小說。」

在這個設問中的自答部分，包含兩個說法：一個是明顯的；另一個是隱含的。前者是「我們有各種各樣的文學作品」，後者是「惟獨沒有好的小說」。在前者而言，我們真的有各種各樣的文學作品嗎？如果有一本當作「有」，筆者無話可說，但不以量更不以質來計算（相對於陳牧師所言，基督教書室「放滿的」「『怎樣做』的書」，更有意思），「我們有各種各樣的文學作品」只是一番空洞的話。「惟獨沒有好的小說」其含意，即是基督教文學中有小說這類作品，不過水準不高；再顧及全文而言，陳牧師所言的「好小說」應該是能夠發揮有效方法（effective method）的小說。這個要求，筆者是首肯的，不過基督徒能夠寫出這種「好小說」，不可能只有這番理論而沒有天分和技巧的訓練，況且神的恩賜也不能缺乏！

「惟獨沒有好的小說」也牽涉兩組字詞的運用。第一段中間以後有這麼一句：「至於小說的著作則少之又少」；第二段第一句則有另一句：「雖然小說體裁的著作絕迹於華人基督教圈子裏……」那句用「惟獨沒有好的小說」，上文提及它的含意是有，但沒有高水準的小說，後文用「少之又少」其意與現實大致相合，但下段即用「絕迹」（意即「沒有」）則不大相合。若加上「差不多」在「絕迹」之前，前後文的意義就相近了。

「差不多絕迹」這種說法，筆者有兩種觀點。「差不多絕迹」以較寬的字義來解釋，即尚有少許、並非完全沒有。事實上就筆者所知，近幾年在香港和台灣的確有基督教小說的出版。香港有加略山房出版的《小丑》、《橙與桔》及《路途上》（這裏暫不計算陳牧師自己在二月出版的《尋星緣》），台灣有中國信徒佈道會台灣分會出版的《夏日雪》、《沈萌華小說選》。另一方面，若以嚴謹的字義來說，「差不多絕迹」即近乎完全沒有，是傾向「絕迹」這個詞義，其中含有其嚴重性的提示。所以，或有極少量著作，也不在計算之列。以上兩種觀點在此表達，可加強這組字詞的含意，擴大思考的空間。

當然，「少之又少」與「絕迹」的分野是「小問題」，不過，對於目下華人基督教圈子裏文學創作未有明顯的進展，這種前後不符和未能表達基督教文學長期缺乏的現實情況，尤應「小題大做」，加以注意。

小說重塑真實世界

〈不看〉的第四段，提及好小說可以帶領我們接觸到真實世界的一面，但我們可以從另一個角度來理解這個觀點。文中的觀點如下：「在一本好的小說中，它的角色、故事結構及佈局都是想像出來，但當作者握緊到生活的精髓，便能夠藉著構思出來的場景、人物、情節，帶領我們接觸到真實世界的一面。」

所謂「真實世界的一面」並不只是如一面鏡子般反映，而是一種重塑。這種重塑是情感和理智高度融合（fusion）的活動，其結果即是「想像」（imagination）；融合後在讀者身上所起的作用，可以稱為「智慧」（wisdom）。〔註一〕著名文學評論家夏志清對「智慧」和「思想」有如下的描述：「智慧是活潑流動的，思想往往是固定呆板的。」「智慧的最高表現是一切神祕哲學家所

企望體會到的頓悟，一剎那間把平日理性肯定的成見全部推開，而接受更高的現實。」〔註二〕

所以，「接觸到真實世界的一面」其意不是簡單的，與後文中有效方法第二個好處也有關係。

「小說傾向用一個完備的手法去演繹生命，它讓人把握整個生命的大藍圖而不需要先經歷人生的許許多多瑣碎但是必須的細節。」這個好處中所言「傾向用一個完備的手法去演繹生命」、「讓人把握整個生命的藍圖」這些說法明顯地都與上文所說的「智慧」有關，而「完備的手法」和「把握整個生命的藍圖」更可說成是「小說世界」所賦予的。這個小說世界即是由感情和理智高度融合後重塑出來的。說得更準確和深刻，就是作者採取他選擇的角度向讀者呈現他這個特殊世界的完整性、複雜性和活潑而深刻的真實性。這種完整性、複雜性、真實性的領受和感悟，即是讀者從作者那裏所得的智慧了。〔註三〕這種智慧的獲得，正如陳牧師文末所提及，「生命會更完全、更豐盛、更添色彩！」

一智慧在乎想像力一

「面面相觀」完了，到「之後」。說到底，小說創作與其他文學體裁的創作一樣，都以情感和具體景象來感動人。寫學術論文也好，分析或議論性文章也好，大概都是說理文字，以理據和條理來服人。前者所以能感動人，能產生以上所言的智慧，關鍵在乎作者和讀者的想像力（兩者是有分別的，這裏不能旁及）。可以說，想像是一股莫之能禦的親和力，能將不同的人物、事情甚至荒漠凝結成有情的世界。故此，所謂「真實」或「現實」賴它重組，新的秩序賴它建立，以上那種人生的智慧更賴它表現！〔註四〕

總括而言，閱讀小說以至其他文類，藉著作者和讀者的想像力，生命能豁然開朗，更上一層樓——只要你能多多運用想像力，接觸文學作品！誠如薛華（Francis A. Schaeffer）所言：「基督徒是一個真正自由的人——他有自由去運用想像力，這是我們的遺產。基督徒最能把他的想像

力發揮到淋漓盡致的地步。」〔註五〕

願你多多珍惜這份寶貴的遺產！

二〇〇〇年七月二十三日寫成這篇文章，八月六日在第六七五期《時代論壇》「眾議園」刊登，八月十五日略作修訂並加上註釋。最後，二〇二一年七月二十九日略略修訂。

註釋

〔註一〕參自夏志清：〈文學．思想．智慧〉，載《愛情．社會．小說》（台北：純文學，1981），頁24。

〔註二〕同上，頁25。

〔註三〕同上，頁24。

〔註四〕參自余光中：〈藝術創作與間接經驗〉，載《從徐霞客到梵谷》（台北：九歌，1995），頁306。

〔註五〕引自曾立煌：《順服與反叛——從約拿看信仰的掙扎與成長》（香港：基道，1999），頁139註13。

04

應當默默無聲！

——又談基督教文學

談論基督教文學並不是不重要，然而更重要的是，有更多人嘗試創作，多些耕耘，期望脊土變成沃土，有一天花繁葉茂，彰顯主名。這算是一種「默默無聲」。在基督教圈子中，大部分人也是「默默無聲」；這是另一種，因為他們無聲，是對基督教文學不感興趣，無意問津。本來筆者不欲多談，因為筆者近年談論基督教文學不止一次，有概括的也有間接的從閱讀小說作出引伸。這次陳佐才法政牧師在二〇〇〇年七月的《文藝通訊》（第二十一卷第四期）中發表〈基督教文學〉一文，筆者由此對「基督教文學」又有另一番感受，使我不能「默默無聲」；因為陳牧師似乎有意或無意之間揭示了，基督教文學「要如何表達」和「主題的選擇」這兩個深入的層次。

該文開始即談到基督教文學的「困難」。首先，「現今的香港，講文學已經不易，講基督教文學就更困難。」其次，「一方面是基督教文學作品不多，另一方面是在現有的作品中，很難找到既動人、又深刻的佳作。」因有「困難」，陳牧師末段就此表達出他對基督教文學的「期望」，那裏隱含以上所言的兩個層次。他如此說：「總括來說，基督教文學一定要表達生命中的局限和煎熬，一定要尋找生命的掙扎與出路，更一定要帶出生命的自由和抉擇，因為只有這樣，才能表達基督教的神髓和顯示生命的真諦，引起生命的共鳴。」

陳牧師的「期望」，似乎有意無意之間帶出了「要如何表達」和「主題的選擇」這兩方面。他三次強調「一定要」，而其中的動詞是「表達」、「尋找」以及「帶出」。如此的行文，無疑是表達方式的取向。至於由以上三個動詞所帶出的三組名詞：「生命中的局限和煎熬」、「生命的掙扎與出路」以及「生命的自由和抉擇」，落實在寫作上也無疑選擇了主題。既有表達方式及主題，由此寫出來的作品就是「既動人、又深刻的佳作」？大概而言，相距所謂佳作恐怕仍然甚遠，因為還需要有其他關鍵的因素來配合，例如作品所灌注的心靈，用甚麼技巧來表達，還有時代的環境也不可忽略。如此既定的表達方式和主題，多會局限創作；因此只能作為參考，不可成為創作的金科玉律！

基督教作品要有既定的表達方式和主題，事實上是個「老問題」，多年前早有人談論過。也許因此曾使一些有心創作基督教文學的人，畏而卻步，棄筆輕歎；以為若不按此模式創作，便會受到批評。彭海瑩前輩曾綜合蘇恩佩姊妹的見解，提出以下對基督教小說的主題和表達方式的分析：

我們常常看到很多基督徒寫小說不外乎一種公式：從失敗到得勝、從悲哀到歡笑、從跌倒到爬起，但是一部真正有藝術價值的基督教小說，應該忠實地描寫成長蛻變的過程，反映心靈的掙扎和盼望；正如蘇恩佩所說：每一個基督徒作家不但要答問題，也應有勇氣去問問題；不但要下結論，也應該夠坦誠不下結論；不但要擁護理想，也應該要暴露現實。〔註一〕

以上雖然只以小說來作分析，但是在其他基督教文學創作上也是適合的。此外，蘇恩佩在〈基督徒與文藝創作〉中引用女作家歐文（Grace Irwin）的話更值得參考：「『基督徒若始終是畏縮、怯弱的懦者，無論思想、行動和寫作都受制於別的基督徒，而非受聖靈的驅使，他們始終會在文藝創作上落後於人。』」〔註二〕

最後筆者在此要指出，基督徒作家容易墮入四個陷阱。一、只有思想，欠缺藝術：不可諱言，基督教某程度上有固定的思想，而基督教文學只是表達其思想，卻沒有文學上基本的藝術要求（無論是現代文學各種的技巧，或是追求基督教文學的獨特表現形式），這是不行的。二、只有超自然，欠缺自然：基督教確有超自然成分，但一味只有超自然成分卻沒有平淡的自然，不單很難使人信服，也缺乏自然樸實之美。三、只有動力，欠缺張力：基督教文學應該有動力，正如基督教信仰是滿有動力一樣，但錯綜複雜的人際關係張力亦不可忽略，而藝術的張力也應重視。四、只有光明，欠缺黑暗：人生本有光明和黑暗（許多時候兩者並存），若只有光明而缺乏黑暗，則有違人生常理，在藝術層次而言更會喪失深入表達的機會！〔註三〕以上的說法，相信對有心創作基督教文學的人，不無參考價值。

總括而言，更正教來華已近二百年，實在累積了許多可歌可泣的故事、見證及傳記。若能加上有恩賜又有心志的人，想像力和表現力足夠，也不囿限於一些既定的表達方式和主題，且受聖靈的驅使，要產生「既動人、又深刻的佳作」，相信不會太困難（產生偉大的作品，另當別論）。反而值得提倡的是，一方面鼓勵一些弟兄姊妹創作，同時評介一些較好的作品，從而提高創作的水準；另一方面，宜廣泛宣傳基督教文學創作的重要，以期逐漸消除誤解和冷漠。如此雙管齊下，才可盼望基督教文學創作花繁葉茂，彰顯主名，阿們！

二〇〇〇年十月二十五日寫好，二十七日略作修訂，十一月二十五日再略略修訂。最後刊於二〇〇一年一月《文藝通訊》（第二十二卷第一期）。二〇〇一年一月十九日再次略略修訂。最後，二〇二一年七月二十二日略略修訂。

註釋

〔註一〕引自彭海瑩：〈基督教小說作品一覽〉，載《基督徒的編寫藝術》（香港：福音證主，1986），頁84。

〔註二〕蘇恩佩：〈基督徒與文藝創作〉，載《基督教文學論叢》（香港：基督教文藝，1976），頁18。

〔註三〕擴充自李淑潔、黎海華：〈兩位文藝工作者的對談〉，載陳若愚主編，《藝術、信仰、人生》（香港：中國神學研究院，1994），頁121。

05

我們有主軸嗎？
——從梁永泰先生「雙軸」觀說起

一　我們只有兩個軸？　一

梁永泰先生在《時代論壇》第六八八期（二〇〇〇年十一月五日）發表一篇精簡而有建設性的文章，題為〈諾貝爾．高行健．怎樣突破自我？〉，值得一看再看。其中強調「雙軸」這個看法，尤應注意；對於中國基督徒作家而言，可以引發深層的反省，進而帶出語出一轍的「三軸」觀，其中更使筆者派生不少設身處地的感受以及一股切切的盼望！

梁先生的「雙軸」觀，綜合來説，一方面如同開首所言，「必須進入自己民族和國家的幽暗處，而同時有內容、全球意義和吸取現代文藝的創新形式」，另一方面又如行文中逐一提及的「國際視野和本地情懷」、「有未來感和歷史感」、「有自我也有全球性」、「有多元文化及素養的人」、「民族感上生根」及「普世精神」。這種「內」、「外」、「前」、「後」既相對又相合的「雙軸」，實在值得有志於文學創作的中國基督徒作家再三領悟，融為己用；差不多如同聖經一句名言：「就是忘記背後，努力面前的，向著標竿直跑」一樣，把過去所獲得的成就或失敗都一一放下，使人向前努力！

然而，安靜下來，我們一班為數極少的中國基督徒作家，有兩個軸就足夠嗎？深入自己民族和國家的幽暗處，談何容易！此外，「有多元文化及素養的人」，並且「熟悉甚至運用現代當代文學的滋養」（事實上，文學創作不能完全忽略中外的古代文學！），更何況在「雙軸」之上應該再加一軸——與神深刻相交的「通軸」（上下通達之軸）！

一　基督徒作家的第三軸　一

要成為「雙軸」的作家已絕對不容易，更要達到有第三軸的基督徒作家，是否如同癡人說夢？似乎只要有真材實料的「雙軸」作家，他一旦成為基督徒，就自然成為「三軸」的基督徒作家。事情，沒有這麼簡單。要覓得一位自覺有基督生命的作家，究竟容易或不容易，似乎也是一個問題。事實上，這份自覺不單關乎一般現代心理學也提及的「認同危機」這個自身價值的問題，也是某部分意志和力量的來源，這在華人教會不重視文學創作的環境下，尤其重要。不過，最重要是這個「軸」的核心情況。

一篇較少人留意的好文章，就道出這個核心的情況。梁錫華的〈基督徒的創作歷程〉當中說到，基督徒創作歷程中兩個重要的環節：寂寞與愛。〔註一〕固然，「創作是一片寂靜的荒原，其上沒有多少熱鬧的大道」，但更重要是作者精闢地指出：「以常理而言，基督徒最能抵受寂寞，因為知道與自己同在的是誰」；說及愛這一點，作者也從有利創作的角度來看：「基督徒應該是多情的，因他認識那代死之愛，按這點來說，也是基督徒從事創作的有利條件之一。」扼要言之，以上就是與神上下通達之軸——「通軸」——的核心情況。惟有加上這一軸，與「雙軸」兼融，才可成為真正傑出的基督徒作家！

一　基督徒作家的困境　一

十分可惜，多數的中國基督徒作家處身困境。在中國大陸，基督教或明或暗都受制於政府，傳教已不大自由，就算有作家信主，想寫一些基督教文學作品，都會受到或大或小的阻礙；處處受制，是很難產生傑作的。香港、澳門以至海外華人教會，不論由於實用理性思維或是出於敬虔而拒絕文學創作，基督徒作家仍然極少；其中大多數都是業餘創作者，能全職和專心創作的，真可以說，少之又少！然而，文學創作不可能靠業餘的人投身而做得好！

一 我的切切盼望 一

筆者的的確確有志於基督教的文學，無奈天分和學養也極其有限，加上漸近學易之年，又是業餘創作者；除了神賜下極大的恩典，筆者的創作實在一定不能達到世界的一流水準。所以，我切切的盼望，不在自己身上。筆者深信，在這一代或後來的一兩代，一定有如上所言的三軸基督徒作家出現，在廿一世紀能有光輝的文學成就——不過，如果他們為了生活不得不如同從前的基督徒作家一樣，在業餘才從事創作，這又是十分可惜的事！

我的切切盼望，是筆者自九八年開始將所有從寫作得來的金錢的十分之九，將來能夠支持一兩位比筆者更有天分、毅力和恩典的基督徒作家，全職地專心從事文學創作，最終能夠寫出偉大的作品，光耀中國文壇，榮耀主的聖名！我切切盼望有此一天，我為此祈禱；也祈禱這一兩位弟兄姊妹，完全樂意接受筆者這筆完全出於奉獻的金錢！若能如此，套用梁先生該文最後一句話：「中國教會又何止可以出一個諾貝爾文學獎得主！」

附記

從一些文章及高行健自己的話來看，他也有第三軸。「他一再主張作家首先應當『自救』。而自救最根本的辦法是從各種『主義』、『集團』及政治陰影中和巨大的商品市場網絡中『逃亡』出來，然後『回到自己的角色』中。」「高行健是一位真正的作家，一位以全生命、全人格堅持文學立場和文學精神的人。」用他自己的話：「我應該說，無論政治或文學，我甚麼派都不是，不隸屬任何主義，也包括民族主義和愛國主義。」這種完全要求自由及獨立的創作精神，應該算是他的第三軸吧。〔註二〕

二〇〇〇年十一月十九日寫成這篇文章，十二月三十一日在第六九六期《時代論壇》「眾議園」刊登。二〇〇一年一月二日根據刊登版本，改動題目及略略增刪內文。最後，二〇二一年七月三十日略略修訂。

註釋

〔註一〕　梁錫華：〈基督徒的創作歷程〉，載《己見集》（香港：中國學社，1989）。

〔註二〕　詳見《明報月刊》二〇〇〇年十一月號，「編者小語」及劉再復、方梓勳的文章。

06

「積重難返」！我（們）仍要「自重自任」！

王仁風是近年值得注意的基督教文字工作者。在《基道閱讀》的專欄「批讀文字」或刊在其他刊物的文章，王仁風常有獨到的眼光，尤其在基督教文學方面，更提到不少已「習慣」而沒有多少人自覺的情況。例如〈行有行話國有國語〉的末段：「基督徒說話、寫作時引用聖經，本是天經地義的，但也要懂得節制，要效法聖經的精神，而非單單聖經的字句。文字事工並非在推廣基督徒的行話（jargon），而是要以公用語言，進入公眾空間，傳情達意，與受眾對話。」這實在頗有見地。〈語言露出色相後的貪嗔癡〉、〈文字的諸侯爭霸戰〉等各篇也有不少地方值得注意。

第十八期的「批讀文字」，王仁風又一次在兩段文字中，藉華人教會及基督教一些現象（皆以粗體出之，可見其重要）談論基督教文學。這一篇名為〈基督教文學不是照鏡子的豬八戒〉，第一段的粗體文字，是「華人教會過去因種種內緣外因，沒有出過甚麼文學作品來，結果惡性循環，到後來就算有比較像樣的東西，主觀上我們已把它判為『次貨』。於是，要成為教內外皆有名的作家，往往要經歷『先外銷，再進口』的過程：先在外面闖出名堂，才有機會衣錦還鄉，證諸胡燕青、黎海華等作家即知。」

的確「華人教會過去因種種內緣外因」，文學作品稀少，但是就此下判語謂「沒有出過甚麼文學作品來」，這種說法值得商榷；主要端看那人持很嚴謹或較寬鬆的定義。用很嚴謹的定義，這句話或者可以成立——

不過，我們是否需要一下子抹煞前人的努力？〔註一〕主觀上把那些作品定為「次貨」，一看即知是錯誤的觀念，一定要糾正！持不同的文學標準，當然有不同的評價，然而先天性持有偏差的觀念，是非改不可的。

至於，這種要成為有名的作家，「先外銷，再進口」的情況，事實上，不獨華人教會如此，在八十年代的香港文學界也是如此。西西這位出色的作家，先經「外銷」的台灣欣賞，再「進口」香港，才真正獲得重視。這無非顯示華人教會和當時的香港文學界，沒有多少人具有慧眼，認識有水準的作家。只可歎我們或當時的文學界前輩，沒有足夠眼光及分析的能力，怨不得他人！

另外也以粗體出之的一段：「基督教傾向沉重：我們總有一大堆的承擔、責任、使命，讀一本書總有人問你有何『得著』。杏林子的作品之所以能在基督教界賣個滿堂紅，因為我們視之為勵志小品，相信讀後可砥礪生命。然而美感卻是非關功利而生的愉悅，文學亟亟追求的往往是一種輕盈。」這裏有三句句子，第一句及第三句最發人深省，而第三句最難解說得清楚。

第一句我們要再三自省：為何如此？這種「沉重」其來有自，可謂源遠流長，不過區區短文不能詳述，還是留待肯用心思的讀者，慢慢咀嚼。從認真創作的作家而言，文學創作的確不能把「承擔、責任、使命」放在中心的位置；甚至要完全沒有這些意識，才可寫出有影響力以至偉大的作品。王仁風用了餘下的二百八十四字，解說第三句「輕盈」一詞，不過似乎仍未給人一個完全清晰的概念。因此，只好用一句話來打完場：「但無論如何，一經定義，我們又要想辦法去化解這個牢結，還文學一個輕盈。」其實，文學的「輕盈」只能歸結於「感性」，以具體景象喚起人們真切感受及聯想，其間含有潛移默化之功；感性由此可以更加成熟，生命隨之深厚起來。固然，文學也可以包括說理、討論和理性分析，不過這些只是其中一部分而已！

事實上，所謂「基督教傾向沉重」，一定不是數年間就能形成。由此，也由於筆者關心基督教文學，禁不住要發出一個深切的疑問：我們是否「積重難返」？王仁風有見地的「批讀文字」，還有筆者關心之餘更努力創作，甚至有更多有心人，一再呼之鳴之；結果，是否如同在大海中投下大石，只在近處濺起浪花，繼而泛出不少漣漪，但最終仍是大浪小浪在洶湧著，浪花和漣漪全自然消失？

最後，筆者只可自許自己，也願王仁風或其他關心基督教文學的有心人，有一股「自重自任」！可分兩方面來說。在個人而言，只能自己看重自己（即「自重」），不少看也不多看；又要看自己身有任命（即「自任」），謹守崗位，全力以赴。另一方面，小弟期望王仁風在「批讀文字」或其他文章裏，繼續發揮獨到的眼光，叫更多人認識基督教文學各種情況。雖然只以一千多字的篇幅來談論一些問題，能夠做到的頂多一矢中的，再配以扼要的補充，由此所言始終不可長而論之，但是，如此「批讀」仍有需要！

二〇〇一年二月十八日寫成這篇文章。最後，二〇二一年八月二日略略修訂。

註釋

〔註一〕

也許王仁風看過不少基督教文學作品，筆者仍然願意以小說略作舉例於後。由基督徒寫的有王藍的《藍與黑》、張曉風的《哭牆》、蘇恩佩的《仄徑》、滌然的《浪》及《落葉以後》、保真的《水幕》及《森林三部曲》。值得一提的是趙滋蕃的《子午線上》。保真曾稱許「這部花了作者六年心血寫成的小說」，「足可使我們在世界基督教文學史上吐一口氣，中國基督徒作家並沒有繳白卷」；還說「本書不但有資格列入基督教文學作品之林，並且實在是氣魄非凡的基督教文學作品。」詳參保真：〈「子午線上」讀後——一部高水準的基督教文學作品〉，載《歸心》（台北：九歌，1988），頁 222 ~ 229。

中國基督教的《紅樓夢》何時出現？

07 努力寫作，所為何事？

如果問一位勤於寫作的人，你為何執著寫作不肯放下筆桿？每一位樂於筆耕的人，他的回答，總會有些不同。許多人都知道，行為背後的動機往往影響行動，甚至結果也相應而生。可是，行為背後的動機，在個人來說頗難識透；他人從表面觀之，各人有不同的看法。故此，一位執著寫作、努力寫作的人，從自己看，由他人看，總會在某方面出人意表。無論如何，那人願意筆耕不絕，他一生中少不免多次發問這個問題：努力寫作，所為何事？引起這問題不外乎外緣和內因兩方面；今次由外緣而生。引發筆者再要問一問這個問題的，是劉劍梅女士〈為自救而寫作——《共悟人間》再版感言〉一文。

劉女士認為，寫作於她，「恐怕是最好的一種『自救』手段」，其中更引用她父親的話，「惟有寫作，惟有不斷向內心深處行進，才能與人類歷史上最偉大的靈魂相逢。」她自省地指出，美國科技與經濟高度發展，造成人本身的深重危機。的確，人在高度享受中往往偏向玩樂，追求刺激；精神方面卻沉淪而不自知。對這些人而言，確實沉淪，了無自救的能力，因為人類沉淪的劣根性是無法醫治的。故此，劉女士和她的父親「選擇應戰的方法就是不斷讀書寫作」。所以，寫作對她說來，「恐怕是最好的一種『自救』手段」。

說起「自救」，不能不提高行健先生。大半年來，高先生的作品可以說是廣為人知，而他的文學主張，不論他人認同與否，也引起一些人的注意。他主張作家首先應當「自救」。自救最根本的方法是從各種「主義」、「集團」及政治陰影中和巨大的商品市場網絡中「逃亡」出來，然後「回到自己的角色」中。高先生確信，惟有完成這種「自救」，才能有真正的自由和個人的聲音。〔註一〕

不迎合市場和讀者口味，一般人看來並不合理。至於是否有甚麼「主義」或「集團」，除了一九四九年前後幾十年，中國國內大力提倡各種文學主張外，多不為人知。而政治陰影和巨大的商品市場網絡，更是無形無像，卻又能深入孔隙。如此看來，似乎努力寫作無所謂「自救」的可能。相信不少人會認同筆者所言：高先生的空前成就，是一個罕見的例子！既然這樣，「努力寫作，所為何事？」我們需要不斷自省和自問。

為「主義」和政治，總不免受其影響；這個時代肯繼續寫作的人，多不為之。相反，不少人仍然主張為藝術而藝術。固然，寫作藝術可以成為追求的目標，而層次向上是不能缺少的。然而，藝術畢竟是較廣泛的範圍，寫作的人對此的自覺性較低，反而，尋找題材，深思形式，學習他人的寫作技巧，常是放在目前的具體目標。其中表現的人生觀和價值觀應該更為重要，可是也常常被人忽略。模造個人的人生觀和價值觀，並不容易，而且不是人想表現得崇高便可崇高。事實上，這些觀念是人在具體生活上經歷與實踐後，才慢慢形成，假裝不得。要自覺地追求，個人的性情有很大的影響，個人生命的開發是否深厚最為重要。所以，劉女士引用她父親的話，「惟有寫作，惟有不斷向內心深處行進，才能與人類歷史上最偉大的靈魂相逢」，可以成為以上各項的結合點，從而「自救」，或是提升藝術生命。

以上所言，不免要求甚深，一般人努力寫作只是興趣而已。大概說來，興趣隨著人生各個階段而有所不同，寫作不斷也不例外。因此，寫作的興趣，經歷人生不同階段而不減或不變，勢必有各自獨特之處。或謂藝術的追求，或謂想多人欣賞，或謂純粹是一種嗜好，或謂傳達獨特的人生理念。這些都可說是「興趣」，不一而足，又隨各人而成。興趣能否保持下去，或是在「寫作」這個大前提下有何變化，又是出人意表。我們不是都聽過某人的寫作如何如何的好，十年二十年後卻早已丟掉筆桿，從商有之，成為文化人有之，又或是變成普通人更有之。

最後筆者想到，令人寫作不倦，往往是持有心志或存有抱負。筆者是兩者兼有。多年前我已定下心志「一生寫六書」，後來又定下寫作兩本短篇小說以及三部長篇小說。因此，我自問那個問題，我的答案，既不以自救，又不以為藝術而藝術，成為努力寫作的主因；興趣必定滲入其中而不是核心。此外，我是一位基督徒，我的抱負與這個身分有關。我認為中國基督徒作家當然屬於中國文壇，中國文壇的基督徒作家，人數極少，發出的聲音極微，這是一個欠缺。我自詡為中國基督徒作家的一分子；既已自詡，也就暫時在業餘中努力寫作，希望最終為神為中國教會寫出傳世之作！成為中國文壇中一種特別的聲音，也算是一種抱負吧！

我知道不是一人之力能夠做到。一個人能發出的聲音實在微弱，許多人不會為意。我也知道，反省是一回事，能否如願又是另一回事。無論如何，我仍要繼續努力寫作！

二〇〇一年九月六日寫成這篇文章。最後，二〇二一年八月五日略略修訂。

註釋

〔註一〕 詳見潘耀明先生刊於《明報月刊》二〇〇〇年十一月號的「編者小語」。

08 小說？小說！

多年前，我寫了一篇短篇小說，有數千言之多，後來給一位好友看，她好像許久才回應。她回應的話，給我深刻的印象。她在電話上，帶著少少的歉意，卻更多的真誠：「對不起，你這篇不是小說！」這些話，沒有使我氣餒；我只覺創作小說之道不可小覷，幾年來對小說創作每有思想，也每有疑問。然而，總覺創作小說興趣最濃，用上的心力也較多。寫得如何，自己不能下甚麼判語，可是，尋找題材，深思形式，學習他人的寫作技巧，常是放在目前的具體目標；尤其是小說的技巧和內容的表達這兩方面。

我所著重的是如何把心中的題材，化成文字，將那份自己看來是特別的體會能夠展露出來。因此，摸索的道路可能並不正統。我有看別人的小說，也看學者對某一作家的分析，從而深思和學習，可是最影響我的是一兩句的「創作格言」。最先的一兩句出自白先勇先生的〈驀然回首〉：

> 我研讀過的偉大小說家，沒有一個不是技巧高超的，小說技巧不是「雕蟲小技」，而是表現偉大思想主題的基本工具。

多年前看過這句話，心底裏便常常浮現出來。心想，既然技巧是「基本工具」，我應該好好掌握，其後才可談到表現思想和主題。同一段還有兩句話，也使我印象深刻：

他〔指盧伯克（Percy Lubbock）〕覺得：何時敘述，何時戲劇化，這就是寫小說的要訣。所謂戲劇化，就是製造場景，運用對話。

此外，有兩個觀念對我的小說創作也有影響。第一個觀念在於「如何處理」或「怎麼寫」，兩者同是關於如何表現小說的主題和內容。這個觀念，可能出自夏濟安先生，因為他兩位學生在某一篇文章中都表達出這個觀念。第一位是歐陽子女士。她在〈「花橋榮記」的寫實架構與主題意識〉的論文中，最後有這麼一句話：

大凡一個小說作者，寫作成敗的主要關鍵，不在於選用甚麼樣的題材，而在於如何處理他所選用的題材。〔強調為原文所加〕

夏濟安先生另一位學生就是白先勇。二〇〇〇年三月號的《明報月刊》刊登白先生的講話筆錄，其中有如下兩句話：

所以我想，寫作有一點是很重要的，老師夏濟安先生也這樣說過：寫甚麼並不重要，重要的是怎麼寫。我想：一些主題和內容，作家各有不同的想法布置，但怎樣去表現一個故事，卻最重要。〔強調為原文所加〕

「如何處理」或「怎麼寫」，意思大致相同。我想到，除了語言文字的修養外，如何處理或怎麼寫小說，是最考作者的能力。

另一個觀念與上述的觀念結合起來，可謂相互相生，孰先孰後，任憑各人的看法。以下的觀念，相信不少小說家早已有之，不是甚麼新奇古怪的東西：

小說家還是要寫。他要講個故事，或者是情節演變的故事，或者是內心演變的故事，或者是心理演變的故事，那些變了樣的記憶就來了。還有人生體驗、思想情操、想像、聯想、生活體驗、道聽途說、大千世界、七情六欲的情事，都流到他的筆下，都可以成為他小說的素材。而他惟一的目的是寫人。他就選擇那些能滿足他那篇小說需要的素材，於是，他就得創造一個獨特的小說形式，將他所選擇的素材，用他獨創的語言表達出來，巧妙地配合在那個形式之中，就成了一個完整的、獨立的、立體的藝術品了。

這段文字出自聶華苓女士那篇滿有深厚創作經驗的文章，〈小說的實與虛——以《桑青與桃紅》為例〉。整段文字雖沒有前言後語，脈絡欠清晰，但內容足以令尋求小說創作有更大進步的人，深思不已。如何「創造一個獨特的小說形式」？其中又要用「獨創的語言表達出來」？最後更要「巧妙地配合在那個形式之中，就成了一個完整的、獨立的、立體的藝術品了。」既然如此，如何去做呢？「費煞思量」可能不足以形容！

小說創作之道真的不可小覷。起初對各方面存有疑問，是少不免的，可是，走進小說的創作天地，浩瀚遼闊，百家爭鳴，要爭取一席之地，談何容易！技巧的學習，是「基本工具」的掌握；何時敍述之外，製造場景，運用對話，需要不斷探究；如何處理題材，牽涉甚廣，其中更要創造一個獨特的小說形式，將所選擇的素材，用獨創的語言表達出來，巧妙地配合在那個形式之中，才能成為一個完整的、獨立的、立體的藝術品。因此，對於銳意創新的小說作者，由疑問到驚歎是勢所必然的！

小說？小說！

二〇〇一年十月二日寫成這篇文章。

09 不斷謙卑

一位基督徒願意從事文學創作，甚至以此來事奉神，他終有一天會遇到我的困難。

無論是文學評論家或是作家，他們都會說，文學是個人的事業。身為作家當然可以有信仰，也可以沒有信仰；縱然有信仰，他的寫作也不一定與信仰有關係。對這些作家而言，大概不會有我的困難。香港著名基督徒作家胡燕青，曾經在一次公開講座中的結論部分，不單給我留下深刻印象，更激發了我想起多年來早已存在，經常或隱或顯的那個困難。她一語中的，不但在各方面都有深度，而且睿智地指出解決的方向。然而，最終解決的方法，她沒有提出。她可能認為每位基督徒作家，在個人具體情況中，會有不同的做法吧。如下把她的話先引錄出來，隨後再說到我的困難究竟是甚麼，以及如何解決：

> 對真正喜愛文學的人來說，文學是一生功業。是否留名青史，人是否活得有「意義」，端在其文學作品成就的高下。但是，對基督徒來說，惟一的一生功業是走神要我們走的路。換句說話，順服神，如同耶穌道成肉身、謙卑自限。可幸，文學和其他形式的藝術一樣，恰巧落在兩者的重疊位置上，因為沒有人是活在文學世界以外的。文學的涵蓋面剛好等於人生的幅度——文學只對人有興趣。活得愈精彩（基督

徒的術語是「豐盛」）的人的文學性愈高。因為精彩與否，很在乎我們怎樣理解、反省和提升個人及羣體的生命素質。具備這樣能力的人，也即具備了文學。基督徒的生命就是基督徒文學（除非這個「基督徒」只是基督教的觀察者或推銷員，而非基督生命的表述）。雖然基督徒不必放棄文學也不必離開上帝，但是，要登上文學的高峯，只有一途：放棄文學、全心全意事奉上帝，而且不可帶有上述機心。這是絕對的兩難，可以說是無法做到的。

能夠解決兩難的只有那一位，而祂不是「文學」。

我的困難在於：我在文學創作上的確很有雄心，希望終有一天寫出偉大的作品。在創作的過程中，我是為神而寫，抑或是為自己而寫？我個人閱讀和寫作，總有祈禱在先，近年在完成後或寄出投稿，也開始加上禱告，求神悅納和使用。當我醉心於創作，似乎忘卻了神。神在我心中的同在，甚至忽然減少！當然困難不是這麼簡單，其中摻雜著驕傲（例如寫出

一篇好作品，會自鳴得意）和自卑（例如有一篇作品，沒有人欣賞，又會懷疑自己的寫作能力）。每一次我也要來到神面前，再一次禱告和反省，求神堅立我往後的寫作事奉，帶領我繼續前行。然而，這個生命的困難，始終沒有好好解決。胡燕青在以上引文中，完全正確地指出，「只有一途」可以解決：「放棄文學、全心全意事奉上帝，而且不可帶有上述機心。」可是「放棄文學」，「對真正喜愛文學的人來說」，千真萬確「是絕對的兩難，可以說是無法做到的」！

這就是說，我已走到真正的十字路口：我要文學，還是全心全意的事奉上帝？在我內心，我感到若要真的達到以寫作來事奉上帝，我的生命要完全倒空，完全謙卑，才可達到多年前的決志，終身以寫作事奉神！要達到完全倒空，要達到完全謙卑，也「只有一途」：不斷謙卑！

謙卑，在這裏不只是一種品德或道德上的修養。正如以上所顯示的，是生命的狀態，而且是不停的生命狀態。這是直指個人生命的不足和不能自持，惟有向神敞開生命的大門，讓神進駐。這種「進駐」必然意味著破碎、接納、醫治、更新及對人產生更大的愛！然而，這也是一個老問題：說易行難！不過，能夠達到第一步，也不是不能繼續下去的。第一步是愈來愈確認自己本來就是一無所有，赤身而來，最後也要赤身而去。這是人生最基本的事實，但是人常常忽略這個基本的事實。如果他能愈來愈感到自己一無所有，而能夠愈來愈寫得好，他必然深深感到寫作是神賜予的恩典，他只能更謙卑，更專心俯伏在神的面前，獻上感謝和讚美。寫作上縱然不斷有進步，還獲得許多獎項，他也不會有任何驕傲！

再進一步來看，謙卑是生命內在感到缺欠的表現。事實上，每一個人都有缺欠，沒有一個人在生命各個層面上完全豐盛，不須神和他人的幫助。人若能在一無所有當中省察，他必然會發現自身有許多缺欠，他需要神和他人的幫助。他從他人和神得到幫助。故此，他不能不謙卑。我相信人一定在許多時候忘記了，人是一無所有和滿有缺欠的，人必然需要常常安靜下來，再一次察覺自己在這兩方面的情況。不是個人安靜，不作他事，乃是向神安靜，把靈魂敞開，讓神臨在其中。如此，人的不斷謙卑才可生下「根」來，也由此「開花結果」——即登上文學的高峯！

當我不斷做到以上所言，最後登上文學的高峯，我也不會留戀高峯上的精彩，而高峯下的欣羡目光更不會注視；因為，我的內心只有更全心全意事奉神，而且渴望終有一天，可以與神面對面的感謝祂，完全的讚美祂！

二〇〇三年三月二十七日寫成這篇文章，二〇〇四年三月在第二二三期《導向月刊》刊登，二〇〇四年三月三十日略作修訂。最後，二〇二一年八月九日略略修訂。

10 文化傳統與文學創作

對於二十世紀的五四新文化運動，有過深思明辨，都知道文化傳統不可以完全推翻。一個民族的長遠文化傳統，不可一刀切的割斷後重新發展。對於從事文學創作的人來說，文化傳統的繼承更是不可缺少。單單學習西方的歷代文學傳統，無疑有一定的益處，但是不從文化傳統吸取養分，寫出來的作品，縱然完全能夠表現西方文學傳統的精華，也不見得有多少高超的表現能力和深厚的思想！因此，從事文學創作的人，需要常常思考文化傳統與文學創作之間，不同層次的關係和影響。

在廿一世紀的今天，不少作家和學者仍然用心探討文化傳統與文學創作，身為基督徒作家更不能坐視不理。香港城市大學中國文化研究中心與《明報月刊》，在去年六月二十一日及二十二日合辦了「文化傳統與華文創作」座談會。會中請了馬悅然、白先勇、陳映真、李歐梵、李鋭、劉再復、鍾玲、李渝、梁秉鈞、黃子平十位作家或學者，「探討華文寫作的意義，其中特別關注文化傳統與當前華文創作的關係和影響，以及如何吸取古典文學的文化資源以豐富創作的內容與技巧。」〔註一〕綜觀《明報月刊》這一期的相關文章，實在有不少地方讓基督徒作家反省和探討。本文以「文學創作」代替「華文創作」，目的是強調在華文創作的探討以外，一定要進到更深的文學層次；不是廣泛的討論華文的運用，便可得到好的文學創作。因此，筆者作為其中一位切身參與的作家，在下文作了一連串的反省和探討。

許多人不會為意，我們一運用漢字，就與中國文化傳統聯上某程度的關係。固然，是深是淺，或是與文化中某一宗教或思想有多大關係，很視乎個人修養的厚薄和刻意運用的程度，其中最重要的是能否融會無痕。其次，只要以白先勇那篇文章的名稱，已足以說明傳統和文學創作的關係：〈推翻了傳統以後，就能創新嗎？〉基本上，文化傳統，是拋不開、丟不掉的。「陳映真用了一個比喻來概括，說是傳統已經化入我們的血肉和靈魂」，而黃子平再進深一步，提出另一個有意義的比喻：「傳統——是我們的骨骼」。他由此引伸一個想法，「我想到『傳統』也可能會長成一種外骨骼的。它不是內在地支撐你的自由的生命，而是僵化成保護性的外殼：裏面溫暖而舒適，外面張牙舞爪，保護我們遠離殘酷的世界。」（〈傳統是我們的骨骼〉）

從以上所言，我們既不能推翻了傳統後就可創新，傳統又與我們有密切的關係，在其中也可能形成一些負面的情況。我們應該如何繼承傳統？有一點非常重要，就是文化傳統一定含有糟粕。去蕪存菁，是必然的做法。不過，用甚麼方法才能做到？李銳提出一個作為現代人的做法，頗具參考價值：

我們作為現代人，當我們說到傳統的時候，並不是說，我們要回去做一個傳統的人，而是我們要站在傳統的高度上來拿出自己的東西，來創造自己的東西。把傳統創造成一個現在的、活生生的東西，那才是對傳統的貢獻，也是一種對傳統的繼承。(〈建立現代漢語的主體性〉)

進一步而言，在文學創作上又如何繼承？李渝提出對傳統的宏觀性吸收的問題，是重要的一點。「不是在異中求同，求那偉大的中華性，而是在同中求異，這中華性究竟啟引了怎樣不同的表現，也就是尋求自主性、獨立性、獨特性，才是創作的本質，文學的精神。」(〈創作無疆界〉)此外，梁秉鈞在〈懷想一位詩人〉一文，提到吳興華對傳統的做法，也是繼承傳統的正確做法：「他熟悉傳統，但並不是盲目崇拜傳統，是繼承傳統又把它作創造性的轉化。」至於李歐梵對傳統的看法也是擊中要害：「傳統也是不斷開創出來的，和文字一樣。」（〈混水摸魚〉）以上一切真是重要，可是我們這一代的基督徒作家是否有足夠的國文根柢，甚至對其他民族的文化傳統有深刻的掌握，再豐富自己的傳統？

一個現實的問題，需要正視；它與以上的討論密切相關。到廿一世紀，嚴肅文學的讀者愈來愈少，作者與讀者對中國的古老傳統不感興趣，而作者的國文根柢也愈來愈差！這一代基督徒作家應該如何面對？惟有持之以恆，急起直追！筆者知道香港有一位基督徒編輯，為了使自己的國文根柢可以保持，他每日以電郵方式與一位好友分享一首古典詩。他持之以恆，到雙鬢發白，大概有二萬首，中國文化中較好的詩，已可遍讀一次，得益可說斐然。然而作為基督徒作家，除非專注於新詩或古典詩的創作，縱然我們可以做到這樣，仍是不足夠！我只能想到，有先見之明的基督徒父母能從小培育兒女，學習中國古典文學，長年累月，潛移默化，才可挽回國文根柢愈來愈差的劣勢。真的希望有這樣的基督徒父母，神也揀選那些小孩，並且賜他們智慧，至少深刻而獨特地領會某一方面的真理。惟有這樣，我們的下一代才可能產生傑出的基督徒作家！

最後，我們不能只求於下一代，本身也要反躬自省。我們應該怎樣行？當然，我們還有許多現實需要正視，不可迴避。在台灣我認識一位有心於文字工作，且得過基督教湯清文藝獎文藝創作組年獎的女牧師。她曾在電郵中跟我分享：「我多年來堅持的文字理想和負擔，除了我先生，還有幾個好友外是難以了解的，台灣的文字前景，我一直非常憂心，雖然台灣有極好的文學資源和環境，即使深具文字的理想也很難伸展（可發表的平台是很少的）。」為何如此？當然，這種情況有它獨特的原因，不是三言兩語便可解釋和探究清楚；同樣，香港以至海外的情況也大致一樣。許多問題，畢竟需要從個人開始才能面對。筆者多年來向不少人分享作品，所得的回應，寥寥可數，原因是多方面的，但是大部分的基督徒對文學創作缺少足夠的關注，無論是普通的回應，以至不同層次的全力支持，或是某一方面的切身參與。縱然有出版社願意出版一定會蝕本的文學作品，可以說是有了伯樂，但是真正的千里馬有多少？因為現在出版的文學作品不算多，而這些作品大部分都不能稱為傑作。我們只能向神多求恩典，使我們有特別的能力，寫出獨特的作品。恩典一定需要，自己也要努力，甚至格外用功，吸收古今中外的文學精華，再加上適當的繼承傳統，然後融會於自己的創作。對我來說，雖然力有不逮，但是庶幾無愧！是否燃盡方休，這的確說得太盡！但是，歷代願意為神奉獻生命的人，都是用盡生命，毫不保留！我們是否如此？還是那一句：隨各人的領受，不可勉強！

文章刊登於二〇〇六年十一月五日第二二〇二期《基督教週報》。文章版權為《基督教週報》所有，已獲該報允許轉載。二〇〇五年十月十日寫成這篇文章。最後，在二〇〇六年十月五日略略修訂。

註釋

〔註一〕　見《明報月刊》二〇〇五年八月號，頁33。

第一輯 個人感受、文學思考與文化探索

11 耶和華是我的讀者

三月十八日《基督教週報》舉辦「讀者、作者、編者交流座談會」，在聚會裏出了「耶和華是我的讀者」這句話，實在很有意思。事實上，它改自詩篇二十三篇的第一節。筆者有幸參與其中，得到這句話的啟發。它實在是基督徒寫作的首要祕訣。

作為基督徒作家，對上帝忠誠，固然必需，他也要精細思考自己的信仰，並且把信仰生命和個人的創作藝術結合在一起；再加上這一句，一定更好。作品，當然要拿出來公開發表，使當代及以後的讀者，可以一再閱讀，產生影響。不過，他可能沒有想過，以神為自己的讀者。事實上，神最認識我們，而我們由心靈所出的一字一句，祂從開始到終結都知道；可以說比我們認識這些文字更深更廣。祂是第一位讀者，而在漫長的一生中，祂也是最終的讀者。有些讀者會忘記，但耶和華作為讀者，祂一定不會忘記。

如此，基督徒作家要用何等的虔誠，來呈獻他的作品，讓神閱讀！我相信只能用絕對的謙卑，俯伏在神的面前，才不會在戰兢中失控，不知所措！因此，再套用詩篇二十三篇第一節，我們可以說「耶和華是我的讀者，我必不至驕傲。」阿們！

文章刊登於二〇〇六年四月二日第二一七一期《基督教週報》。文章版權為《基督教週報》所有，已獲該報允許轉載。二〇〇六年三月二十七日寫成這篇文章。

12 文化深耕的文學詮釋

文化深耕不是一個潮流的問題；不是不成為討論的熱點就不須繼續討論和實踐。然而，這種情況不能避免。事實上，我們的神正是在人的軟弱上，不斷補充和支持，並且往往作出更多深刻而實在的破碎和更新的工作；從個人開始以至羣體，再延伸到社會和民族！許多時候，這些工作是不動聲色的，事情過去，一些人才猛然覺醒，原來神在歷史的長河中，做了這些看似不重要，最終卻是在歷史中不可缺少的事情。我認為神這樣行事，是神的憐憫，免得一些事情只有簡短的思想和討論，沒有長遠的努力和實踐。筆者盼望神興起更多默默的耕耘者，在許多不同的文化層面，辛勤地播種和收割，從而在不同的文化層面上被我們翻轉，轉向永恆的真理！如下以文學的詮釋，對文化深耕作某些層面的探討，以回應近期對文化深耕的討論和報導。

文學的詮釋，聚焦於文學的獨特本質和文化土壤的形成。一是文學本身的要義；二是作家與文化土壤的互動關係。文學本身只是白紙黑字的書籍，從表面來看與其他書籍無異，但是只要用心接觸文學就可知道，它有巨大的影響力。固然，廿一世紀的今天，文學在不同的國家中，有不同程度的邊緣化，可是，這並不能構成文學必然終結的命運。只要文學仍在掙扎和反省，文學就會不斷重生，不斷適時並進，繼續影響人類和文化的傳承。此外，文化的土壤，細分起來較為複雜，不同的觀點有不同的詮釋。

有一點卻是無可爭議的，就是文化的延續在於不斷累積和更新；曾幾何時，文化的演變停下來，不再累積和更新，文化必然滅沒，消失於時空的長河。在累積和更新當中，最重要的一點，是作家的自省和更新。當我們明白上述的詮釋，繼續探討，才有穩固的基礎。

對於文學的要義，不同的人有不同的理解，可是魯益師（C. S. Lewis）的闡釋最傳神，也可用來作進一步的詮釋。他在《批評實驗》（*An Experiment in Criticism*）一書談到文學作品的功能，並且由此進入微妙的文學要義。「文學經驗療治傷口，卻不會剝奪個人擁有個體性的權利。」因為閱讀偉大的文學作品，「我則變成一千個人，卻仍然保有我的自己。這就像希臘詩中所描寫的夜空，我以千萬顆眼睛覽照萬象，但那用心諦觀的仍是我這個人。在這裏面，就像在崇拜中、在戀愛中，在將道德付諸行動中，和在認知中一樣，我超越了自己，卻也從未這樣實現自己。」〔註一〕文學詮釋其中一個要義，就是經過一個敘述的文本，人可以超越個人的限制，進入別人獨特的「經驗」。這「經驗」不同個人的親身經驗；乃是「我變成一千個人，卻仍然保有我的自己」這樣的代入，才可領會得到。他以希臘詩中所描寫的夜空作比喻，指出這種好像有千萬顆眼睛覽照萬象的情況，原來仍然是我。傑出的作家，他在作品中就有這樣的本領。經過閱讀，讀者如同魯益師所言，「我超越了自己，卻也從未這樣實現自己」；所謂潛移默化或是豐富人的感性等等，在其中呈現出來，意義是多樣性的。當然，探討文學的要義與文學作品的產生，兩者互相關連，不過它們實在有不同的層次，有了前者不是一定產生後者。可是，我們清楚這種要義的詮釋，在文學上的文化深耕，就顯得實在而不流於表面。至少我們要問一個問題：基督徒作家如何創作這樣一個敘述文本？議論的文章是絕對不能具體地回答這個問題的；只有從事文學創作，作家在文本中才可具體地回答這個問題！

作家身處的文化土壤，與歷史發展密不可分，同時也要取決於作家的自省和更新。以一個突出的例子來闡釋。高行健的寫作道路，在他獲得諾貝爾文學獎之後，多有報導，並且有他的知己劉再復在許多文章中一而再的描繪，似乎應該廣為一些讀者注意。我特別注意，也曾在多篇文章中略提及他在文學創作上的見解。在此，只以他成長於文化大革命前後的做法，作為焦點。

首先，看看他從瑞典國王手中接受諾貝爾文學獎時所說的「領獎的答謝辭」：

尊敬的國王陛下：

站在您面前的這人，還記得，他八歲的時候，他母親叫他寫日記，他就這樣寫下去了，一直寫到成年。

他也還記得，上中學的時候，教作文的一位老教師在黑板上掛了一張招貼畫，說不出題目了，大家就寫這張畫吧。可他不喜歡這畫，寫了一大篇對這畫的批評。老先生不但沒生氣，而且給了他一個好分數，還有個評語：「筆力很健」。他就這樣一直寫下去，從童話寫到小說，從詩寫到劇本，直到革文化的命來了，他嚇得全部燒掉了。

> 之後，他弄去耕田好多年。可他偷偷還寫，把寫的稿子藏在陶土罈子裏，埋到地下。
>
> 他後來寫的，又禁止發表。
>
> 再後來，到了西方，他也還寫，便再也不在乎出版不出版。即使出版了，也不在乎有沒有反響。突然，卻來到這輝煌的大廳，從國王陛下手中接受這樣高貴的獎賞。
>
> 於是，他止不住問：國王陛下，這是真的嗎？還是個童話？〔註二〕

從以上可見，他有個人的生命歷程，而且從小開始，堅持不懈的寫作，後來經歷恐怖的日子也不放棄寫作。在此不宜詳述他這方面的掙扎，但是他經歷了文革，對於寫作，他有一番獨特的見解，且成為他繼續寫作的推動力，最終形成他在當代中國文學上「一個革新的、獨特的敘述現象」。〔註三〕這是甚麼現象？這就是「冷靜的語調」，也即是他所主張的「冷的文學」。

他在諾貝爾文學獎頒獎禮上的演説辭〈文學的理由〉，有如下的兩段話：

二十世紀的中國文學的劫難之所以一而再，再而三，乃至於弄得一度奄奄一息，正在於政治主宰文學，而文學革命和革命文學都同樣將文學與個人置於死地。以革命的名義對中國傳統文化的討伐導致公然禁書、燒書。作家被殺害，監禁、流放和罰以苦役的，這百年來無以計數，中國歷史上任何一個帝制朝代都無法與之相比，弄得中文的文學寫作無比艱難，而創作自由更難談及。

作家倘若想要贏得思想的自由，除了沉默便是逃亡。而訴諸言語的作家，如果長時間無言，也如同自殺。逃避自殺與封殺，還要發出自己個人的聲音的作家不能不逃亡。回顧文學史，從東方到西方莫不如是，從屈原到但丁，到喬依斯，到托馬斯・曼，到索忍尼辛，到一九八九年天安門慘案後中國知識分子成批的流亡，這也是詩人和作家還要保持自己的聲音而不可避免的命運。〔註四〕

簡單而言，高行健選擇逃亡，而在法國定居後，他努力創作，對文學有不少反省，其中產生「冷的文學」這個文學主張。他的知己劉再復有一段話說到「冷的文學」，值得注意。「『冷的文學』包含雙重意義。其外在意義是指拒絕時髦、拒絕迎合、拒絕集體意志、拒絕消費社會價值觀而回歸個人冷靜精神創造狀態；其內在意義則是指文本敍述中自我節制與自我觀照的冷靜筆觸。」〔註五〕在文化大革命前後的個人處境，高行健個人以至一些作家不能不以逃亡為個人的選擇，而他更以身體力行，以「拒絕時髦、拒絕迎合、拒絕集體意志、拒絕消費社會價值觀」等等見解，成為他的「冷的文學」。更重要是在文學創作上，他展現「回歸個人冷靜精神創造狀態」及「文本敍述中自我節制與自我觀照的冷靜筆觸」。

在另一篇文論中，我不單對這種「自我觀照的冷靜筆觸」作出討論，並且結合他的人稱敍述以及個人的深切感受，作出以下綜合的分析：「是作者生命經過種種磨練後，以人稱的敍述展現出來的深切感受。固然，這許多深切感受藉人稱表達，作者沒有忽略人稱背後的種種特性和其他技巧，不過作者手法高明，在冷靜觀照中化入字裏行間。所以，讀者體現出來的感受，至少稱得上昇華至一個很高層面的深切感受；筆者認為高行健的作品，已達到文學作品字面以上的哲學層面。」綜合而論，高行健的「冷的文學」可以說是經歷文化大革命後個人獨特的選擇。說到回應文化這一層面，他產生一個高度的文化選擇和融合，重新轉化傳統文化。如果中華民族不是完全抗拒這種作品，而能將之潛移默化，大略來說，可起文化心靈的淨化作用。

當然，讀者不一定同意從中國近代文化土壤中形成的這個獨特的例子。可是，這個例子卻說明一個事實：作家身處的文化土壤，與歷史發展密不可分，同時也取決於作家的自省和更新。究竟個人的文學作品如何影響文化土壤，不可能在此詳細闡釋。不過，有一點可以肯定，就是上文曾提及的「文化的延續在於不斷累積和更新」；當這些作家的自省和更新，無論如何曲折和微妙，只要作品的內涵能夠融入文化的土壤，在累積後必然起著某程度的更新作用！反過來說，問題在於當代基督徒作家憑著甚麼，然後又形成怎樣的作品內涵，從而影響當代的文化土壤？我想，仍然是這句話：我們與歷史發展密不可分，同時也取決於我們的自省和更新。此外，我從來不會忽略，聖靈在個人生命中的工作和帶領！

總結起來，這篇文章只是從某些層面回應近期文化深耕的討論；背後固然有筆者的目的。胡志偉牧師的〈令人驚喜之魯益師〉、〈從《斷背山》再思文化的深耕〉和〈再思《斷背山》引發的討論〉，邢福增的〈天安門之子與神聖之愛——余杰寫作背後的信仰〉，還有余杰在香港作多場公開演講，期間有多篇文章、訪問和報導；這些文章、訪問和報導，在某程度上來說，都不約而同地牽涉文化深耕的問題。文學創作屬於文化深耕的一種，是不容置疑的。可是，素來討論文學創作，絕大部分的人都不是從事文學創作，所討論的內容，往往觸不到要點，形成言不及義、在核心層面外繞圈子。不成為潮流或是討論的熱點，不久就影寂聲沉。可是，神總有祂的工作。筆者默默參與其中，對這些情況總有所感觸，有時候也禁不住撰文討論，或藉此表達問題所在，或由此把問題引往核心，展開更深入的探討，希望引起更多關注和實踐。這篇文章的用心，正是這樣，同時在文學詮釋上作出相應的探討，指出某些重點。

二〇〇六年六月十二日寫成這篇文章，十三日刊於《時代論壇》網站的「時代講場」，「文藝影音」這一欄目之內。最後，二〇二一年八月十九日略略修訂。

註釋

〔註一〕引自魯益師：《裸顏》，曾珍珍譯（台北：雅歌，2000），頁11。

〔註二〕引自《明報月刊》二〇〇一年一月號，頁73。

〔註三〕馬悅然語，見〈瑞典學院和諾貝爾文學獎〉，載《明報月刊》二〇〇一年二月號，頁31。

〔註四〕引自高行健：《沒有主義》（台北：聯經，2001），頁340～341。

〔註五〕見劉再復：〈高行健小說新文體的創造〉，載《論高行健狀態》（香港：明報出版社，2000），頁46。

第二輯

領受與看見

13 一生寫六書

今年新曆生日的早上，一位姊妹送給我一份生日禮物：是三張卡及一個親手做的小袋。其中兩張卡的主要文字是如此的：「我深信你一定會做到的」;「希望你早日完成你的心願」。那時我並不明白她所寫的意思，她便直接地說：「你想寫書嘛！」這時才知道她是這麼緊記那次的談話（內容是說及我其中兩部書的名稱和寫作的原因），而且是帶著衷心的祝福在當中！

事實上，我從未將自己想寫的書籍之名稱及內容向人全部說出，但是由於是次的祝福，叫我有一份心意與一些人分享，使他們更確實地知道我的願望如何，在當中彼此共勉、彼此扶持！

從一九八四年的聖誕節開始，心中想寫四部書籍，那時曾在團契的聯歡會上對一班弟兄姊妹分享過。其後因為對神所造的男女間關係很有興趣，加上對兩位姊妹有獨特的感情，希望在她們的婚嫁上有一份特別禮物送給他們，因此再加添兩本。當然，藉寫作事奉神，就不單單寫這六本書那麼少，然而我相信我其他作品，大部分都是這些書籍的探索和研究之初步結果而已（無論以任何形式及體裁寫作都如是）！現將它們的名稱及內容簡介如下：

一、《神曲》是結聚我一生靈性和學問的精華，結合聖經六十六卷的精粹和歷代人的智慧所合成、所合著！是我一生最難寫的作品。預算在七十歲時寫。

二、《人曲》是人在救恩中的心路歷程，是人回應神豐盛恩典的表現，當中包括人的痛苦及榮耀之處。預算在六十歲寫成。

三、《神的家》是一部長篇小說，用意在於描寫一九九七年前後香港教會的轉變，而且還包括中國政局、人民的動態以及海外華人教會的情況。預算二〇一〇年寫成。

四、《豐盛人生》一方面結合前期的寫作成果，把人生本身豐盛的意義表露出來，另一方面為未來要寫的三本書作里程碑的開拓。

五、《男人》把聖經一些「男性特徵」歸結出來，使現代男性有一個新方向可循，從而校正男女在現代中一些錯綜複雜的男女關係。

六、《女人》亦是把聖經一些「女性特徵」歸結出來，使現代女性有一個新方向可循，從而校正男女在現代中一些錯綜複雜的男女關係。

現在已出現了一些思想路向（現時正寫著這類文章），而第五本、第六本書已有一些大綱作參考。未來還有很遠、很遠的路要走；靈性的操練，學問的根基都要在這幾年中打好基礎。「還要走的道路甚長！」這歌詞正好代表我現在的光景和心態！那姊妹的一番祝福，在我心中深處是不能輕易言說的；倒不是自己沒有信心，而是前路實在不易走，沒有神自己的扶助和導引是絕對不能達到！

深願每一位閱讀此文的弟兄姊妹，都為我禱告神；雖然神出了呼召，也必會成就自己的旨意，然而摯友和兄姊的禱告，是我不能或缺的一份力量！對於我，那是絕不能輕看的！

主內建良
自寫於葵涌新生命堂
一九八九年十月十六日晚上

這篇文章曾經作為一篇小說〈夜靜〉的材料，刊於筆者短篇小說集《一個人》，頁16至18。

14 果真可以，「為了忘卻」而敍述？——翻閱《當代小說與集體記憶——敍述文革》後的感想

香港地處中國南方的一隅，可謂彈丸之地，對比台灣以至海外華人來說，香港最靠近中國這個「母體」。我們雖然最近，在「一九九七」之前而言，從來都不大受到直接的影響。因此，發生在一九六六年至一九七六年的文化大革命（一般人簡稱「文革」），對於作為香港少數羣體的華人教會，

除了中年或老年的信徒，曾發生間接或直接的影響外，出生於六十年代後的信徒，可謂只有「書本上的記憶」，很少有談論和探討。尤有進者，對於極少數華人教會作家，絕少問津文革，更不用說以小說形式來探討文革。不過，當筆者翻閱《當代小說與集體記憶——敘述文革》一書，感受有些特別，值得分享一下。如下先從書中獨特之處說起。

據作者所說，中國當代文學評論，多數以作家心理及社會制約與創作實踐關係為主，但作者不取這種純文學研究。他選擇俄國形式主義的閱讀方法，研究由獲獎、銷量、引起爭議、改編成電影以及受政治批判等因素而選取的「五十部（篇）作品」，歸納和簡化為四個階段共二十九種「情節功能」。他明知這種研究方法至少有兩種危險但仍然堅持使用，「原因之一」是他「關心形式模式多於小說內容」，因為他「認為模式比內容更說明內容」；「原因之二也是選題的制約：文革不單是小說家的課題，更是民族的課題。為了要從小說模式來考察『集體記憶』的建構方法，有時不得不透過、甚至忽略藝術趣味匠心特色的差異變化，以尋找敘述策略風格選擇後面的歷史規定與情節設計敘事規範的文化邏輯。」正如作者所言，「如何回憶和敘述文革的過程與細節，如何梳理和解釋文革的來源與影響，這是一個很少中國當代作家能夠忽視和迴避的題目。」故此，作者所選取的研究方法及文革小說，其中確實蘊藏深意！

作者的研究結果，「五十部（篇）作品」可分為四個基本類型，各有不同的意義結構。一是，契合大眾審美趣味與宣洩需求的「災難故事」，意義結構是「因禍得福」、「少數壞人迫害好人」；二是，體現「知識分子—幹部」憂國情懷的「歷史反省」，意義結構是「壞事最終可以變成好事」；三是，先鋒派小說對文革的「荒誕敘述」，意義結構是「不可解釋」及「很多好人合做壞事」；四是，「紅衛兵—知青」視覺的「文革記憶」，意義結構是「青春無悔」、「我也許錯了，但絕不懺悔」。在「結論」也提出「『賦予』各種關係系統『以結構的主導傾向』，在『文革敘述』中主要就是『逃避文革』，『忘卻文革』的傾向。」如此，無論作者或讀者就可以對文革所造成的傷害，求得放心與釋懷了嗎？或者說，果真可以，「為了忘卻」而敘述？

無論作者或只是翻閱的筆者，都會持否定的態度。誠如作者的「回答兼分析」：「不正視文革，不試圖弄清楚文革究竟是怎麼一回事（或至少自以為弄清楚是怎麼回事），中國的讀書人便無法走出文革的陰影；但是，『為了忘卻』而敍述，是否真的能夠導致忘卻？上述四個不同的敍述類型，第一和第二類型，『為了忘卻』的敍述結構比較明顯。第三類則是對這一結構形式的挑戰與修改。第四類型念茲在茲重申某些文革經驗，其實也在逃避另外一些記憶。」所以，既然「忘卻不了」就當正視文革的陰影甚或創傷。從某一意義來說，基督信仰正是「療治」這種心創的最佳良藥，雖然這種「內在醫治」（在此姑且一用，實際意義未必如此）又在另一層意義而言，應該有文化層面和實際層面，這兩個互有依存也互有分別的關係。

我的主要感受，由以上而來：基督教文學創作應該可以在文化層面中負起某一程度「療治」心創的功能。當然，基督徒作家不一定是中年人或老年人，並且經歷過文革；只要他們有足夠的想像力和表現力。此外，他們要閱讀並分析這「五十部（篇）作品」，〔註一〕是少不免的；否則沒有足夠的「資料」可供融會和尋索「療治」的內容與形式。

由此，聯想起一件特別的事實。在中國廣大的社會中，各階層的人都具有不同的生活方式和思想形態，一般的傳福音方法，實在不能把福音使各階層一概接受。基督教的文學創作能夠向文學愛好者或閱讀大眾傳福音（雖然其形式不同，有效性也一時間難以估計）——至少在他們心中鬆土或播種，再加上其他傳福音的方法，效果可能非常顯著！筆者想起主曾說過迷羊的比喻。這些獨特的階層就好像那隻「迷羊」，我們一班基督徒作家，在這隻「迷羊」身上所作的「特別工夫」，是不會白費的！我們有此了解就足夠了。

最後值得一提，是整個研究的掩卷一句，可以代表作者對「逃避文革」、「忘卻文革」的另一種「回答」：「文革初的確流行過一段據說是列寧的話：忘記過去，就意味著背叛。」這種對「生命」的背叛，可能不單對文化層面有影響，更會對中國未來的政治有影響（現在中、高級官員，以至國家領導人鮮有不經歷過文革）。對此而言，我們不可忽略。筆者真的希望有基督徒作家擔此重任，寫出以基督信仰為出發點的小說，「療治」那一代或受其影響的二、三代人！

二〇〇〇年十一月十一日寫成這篇文章。

註釋

〔註一〕 如下依照該書附錄「一、目錄」的次序，簡單地羅列這「五十部（篇）作品」，以供參考。

短篇小說

盧新華〈傷痕〉、蕭平〈墓場與鮮花〉、陳世旭〈小鎮上的將軍〉、陳國凱〈我應該怎麼辦〉、鄭義〈楓〉、張弦〈記憶〉、金河〈重逢〉、高曉聲〈李順大造屋〉、古華〈爬滿青藤的木屋〉、韓少功〈飛過藍天〉、宗濮〈我是誰〉、陳建功〈轆轤把胡同九號〉、梁曉聲〈這是一片神奇的土地〉、史鐵生〈我的遙遠的清平灣〉、史鐵生〈奶奶的星星〉、何立偉〈白色鳥〉、陳村〈死——給「文革」〉、余華〈一九八六年〉、馬原〈錯誤〉、林斤瀾〈氤氳〉。

中篇小說

叢維熙〈大牆下的紅玉蘭〉、劉克〈飛天〉、馮驥才〈啊！〉、葉蔚林〈在沒有航標的河流上〉、王蒙〈蝴蝶〉、趙振開（北島）〈波動〉、韋君宜〈洗禮〉、劉心武〈如意〉、禮平〈晚霞消失的時候〉、王安憶〈流逝〉、梁曉聲〈今夜有暴風雪〉、張賢亮〈綠化樹〉、阿城〈棋王〉、莫言〈透明的紅蘿蔔〉、朱曉平〈桑樹坪紀事〉、張賢亮〈男人的一半是女人〉、史鐵生〈插隊的故事〉、殘雪〈黃泥街〉、王安憶〈叔叔的故事〉、王朔〈動物凶猛〉。

長篇小說

周克芹《許茂和他的女兒們》、莫應豐《將軍吟》、戴厚英《人啊，人！》、古華《芙蓉鎮》、胡月偉《瘋狂的上海》、梁曉聲《一個紅衛兵的自白》、老鬼《血色黃昏》、鐵凝《玫瑰門》、張承志《金牧場》、韓少功《馬橋辭典》。

15 中國基督徒作家「要學」高行健？

一 引言 一

二〇〇一年一月，二〇〇〇年諾貝爾文學獎得主高行健先生來香港演講，可謂引起一陣騷動。有報刊以「高行健旋風」為標題來報導，這更可說是高先生此行的實質寫照。相信在中國人的社會裏，「高行健熱」仍會持續一段時間，然後才漸漸冷卻。然而，中國基督徒作家如同其他作家一樣，少不免要閱讀一些諾貝爾文學獎得主的作品，以吸取營養，豐富自己的創作；高先生的作品理應入選，也應該不受這股一定會冷下來的熱潮所影響。

筆者的立場是偏向「要學」。但是中國基督徒作家如何學習？從正面而言，多少都會從本身的性向、表達技巧的探索、對高先生作品的理解和由此領悟到的方向等等著手。僅就以上各方面而言，我認為高先生在文學上的主張，《靈山》在文學形式的探索及人稱表述的運用，可資借鑑。由此，中國基督徒作家或許獲得另外一些啟發也說不定；藉此，更說不定可創作出中國基督教偉大的文學作品來！

—冷的文學—

用高先生自己近期的話，所謂「冷的文學」是「……遠遠高於政治，而不是為政治服務，不管是這種或者那種政治。文學也不受倫理判斷的限制，換句話說，文學也不服從某種教化的作用——這也是文學曾經不斷受到干擾的一個因素。」〔註一〕說得更具體，「文學原本同政治無關，只是純然個人的事情，一番觀察，一種對經驗的回顧，一些臆想和種種感受，某種心態的表達，兼以對思考的滿足。」〔註二〕

筆者作為一個愛好現代文學的人，也早已感到現代文學受政治的干擾實在太多。數十年來不少作家受政治干擾甚或政治迫害，縱然不死也難以創作，他們可能寫出更好作品的機會完全幻滅，這是多麼令人惋惜！

高先生的知己劉再復有一段話也值得留意：「『冷的文學』包含雙重意義。其外在意義是指拒絕時髦、拒絕迎合、拒絕集體意志、拒絕消費社會價值觀而回歸個人冷靜精神創造狀態；其內在意義則是指文本敘述中自我節制與自我觀照的冷靜筆觸。」〔註三〕

中國基督徒作家在這一點上要學習高先生嗎？身為一個沒有信仰的人，高先生說，「文學實際上是對人自身存在和他所生存的環境的一個觀照，我想僅僅如此而已。」〔註四〕這話大概是真的。不過，中國基督徒作家是有信仰的；他相信的神曾是「道成肉身」的耶穌基督，在他創作中這「道成肉身」的神，必然在創作中與他「一起」。他的時空驟然增大，借用高先生以上的見解，我們可以說，「基督教文學實際上是人透過神的眼光，對自身存在和他所生存的整個宇宙和時空的一個觀照，所指向的是神預備的榮美的將來！」至於劉再復指出的所謂「冷靜筆觸」，可以說是高先生由個人體驗而來，然後融入文學藝術後，形諸文筆上的獨特表現。中國基督徒作家能否吸收，端看那人是否認同而加以融會貫通，不能一概而論，並且這裏關乎高先生個人在文學上的獨特性，是否能夠「學習」更是另一個問題。

進一步來說，對應現在華人教會仍不大看重文學創作這「大環境」，更有特別的意義。華人教會無論出於實用的理性思維或敬虔的思想而拒絕文學，其後遺症當然是漠不關心；更壞的是，若有較好的作品出現，就視之為洪水猛獸，非加以口誅筆伐不可。如果教外的人評為傑出的作品，更可能看成異端，在基督教圈子裏要完全排斥。因為按照華人教會的傳統，差不多完全看重人的光明面，黑暗面頂多是陪襯或中介物。中國基督教的文學作品向黑暗面發掘才較有深度，這正正是華人教會不願意看到的。如果他們的反應，不幸是上述的情況，高先生的「冷的文學」就不失為一個可行之法。

筆者基於以下的看法才如此說：一個倚靠神的作家，他所寫出來的作品，總不會離聖經太遠。當然，一個有水準的基督徒作家，早已不停留聖經的字義層面，也因應現實的處境作出文學上的精闢表達！同時代的人可能一時間不能接受，但是時間會證明他的作品是具有真知灼見。還有，在現今世代及世界文學上，一位有心志的基督徒作家若要寫出有影響力的作品，必然具有一個開放的屬靈生命，即是不斷將生命向神敞開，使生命不斷提升，這無疑是痛苦的，正如蘇恩佩的分析，「一般來說，有深度的作家都是要經過人生洪爐的熬煉。他們往往要付出很重的代價去體驗人生、深嘗人生。」〔註五〕惟有這種生命才可以秉持基督教文學的使命，不受以上其實並不必然的拒絕或排斥。故此，如果一位基督徒作家仍未達到以上的生命，高先生的「冷的文學」，實在可以適當吸收，有所轉化。

一 文學形式 一

高先生的巨著《靈山》，寫作歷時七載，一九九〇年才出版。他探索這部小說的文學形式，卻早在那七年之前已見端倪。大概而言，在《現代小說技巧初探》一書已具體可見。如下只就「街頭巷議皆小說也」這種文學形式，作扼要的探討。

雖然高先生本人認為《靈山》第七十二章寫得「佶屈聱牙」，不過他也自言「其實，這一章是全書的楔子，倘放在書首，怕嚇住想要翻書的讀者，刪去，又怕做《石頭記》八十回之嫌，便索性添上一句：可讀可不讀。」〔註六〕

可見這一章實在重要；它表達出整本書的「基本路向」。那裏以「他」和一位批評家的對話為主要的敘述方式。其中兩段對話就道出「街頭巷議皆小說也」的模式及淵源，雖然前者從反面出之：

「東方更沒有你這糟搞的！把遊記，道聽塗說，感想，筆記，小品，不成其為理論的議論，寓言也不像寓言，再抄錄點民歌民謠，加上些胡編亂造的不像神話的鬼話，七拼八湊，居然也算是小說！」

他說戰國的方誌，兩漢魏晉南北朝的志人志怪，唐代的傳奇，宋元的話本，明清的章回和筆記，自古以來，地理博物，街頭巷語，道聽塗說，異聞雜錄，皆小說也，誰也未曾定下規範。

在香港一次演講會上，高先生除了以上的說法外，更加補充下去：「所有不登大雅之堂，所有不是作為教化，跟國家至上沒有關係，跟皇權、帝王權力沒有關係的這些閒雜人等的瑣碎議論，皆小說也。這是很博大、很精彩的對小說的看法！」〔註七〕這種看法是否很博大、很精彩，當然見仁見智。不過「他的小說，既有極其現代的手法，例如人稱的轉換，又有極傳統的手法，例如遊記、野史、筆記式的敘述。」因此，明顯地招致兩方面的反感：「前者很難取悅傳統口味的讀者，後者很難取悅現代

口味的讀者。」〔註八〕

如果，我們不以既定的甚麼是小說為繩規，而只看其表達方式的果效，我們大概可以看到個人與非傳統的主流思想溝通後，一種特別的表現力。更正教來華已近二百年，期間約有一百多年以傳教士為核心，而一直以來特別是晚清時期的信徒給人的印象大都是「吃教者」（rice Christians）。事實上，純粹用「吃教者」來解釋中國人皈依基督教，是既不公允又不全面的；大概來說，不管哪個時期，中國人接受基督教的主要原因是以「個人挫折論」為主，小部分人信教以「文化危機論」為入教原因。〔註九〕晚清一些基督徒曾協調基督信仰與中國文化，〔註十〕民初後更有基督教救國論的提出。〔註十一〕近代也有不少基督徒致力於本色化神學的建構。〔註十二〕以上提及的應不算主流思想，不過始終有較多的有識之士從事探索甚或獻身。當然，基督教從入華以來就不停的廣傳福音，這才是中國基督教的主流思想。然而，筆者相信至少一些肯為信仰付出代價的基督徒，在每一個時期有不同的信仰掙扎，他們的經歷和感受早已散失於以上不同類型的文本中。〔註十三〕這些情況固然不是甚麼主流思想，但是筆者認為完全值得重視和探究。因為這些都是從具體的生命而來，藉此可以表達出二百年來基督教具體面貌和生命；其意義是巨大而微的！事實上，這些經歷和感受與以上的非主流以及主流思想也密切相關，甚至互為表裏。若有中國基督徒作家有足夠的想像力與表現力，從閱讀、觀察及感受中，加上個人的文化素養與當代環境的激盪，從而孕育出這樣的長篇小說，與高先生的巨著《靈山》迥然不同而另有一種境界，是勢所必然的！

僅就筆者所見，這樣一部長篇小說，中國基督教從未出現過！然而這種博大的嘗試，少不了閱讀數千頁的資料，甚至如同高先生一樣，要遊歷與觀察不同時代基督教的遺址及文物，從而有一種切身的體驗。要寫出一本不同以往的巨著，這樣的努力完全值得付出。其中也不可忽略在思想上的蘊育和技術上的幅度等問題，〔註十四〕而人稱表述與後者有直接的關係。

一人稱表述一

人稱的表述，即人稱代詞「我」、「你」、「他」或「她」。明顯，《靈山》除了以上「街頭巷議皆小說也」這種特別的文學形式，還有人稱代詞的運用。用瑞典文學院諾貝爾文學獎新聞公報的話，有如下的分析：

> 小說由多個故事編織而成，有互相映襯的多個主人公，而這些人物其實是同一自我的不同側面。通過靈活自在的運用人稱代詞，作者達到了快速的視覺變化，迫使讀者疑竇叢生。這種手法來自他的戲劇創作，常常要求演員既進入角色又能從外部描述角色。我，你，他或她，都成為複雜多變的內心距離的稱呼。〔註十五〕

最值得注意的是，「我，你，他或她，都成為複雜多變的內心距離的稱呼。」馬悅然教授在諾貝爾頒獎禮上的講話，其中一段也是分析人稱代詞在小說中的情況和作用：

作者希冀在靈山尋找到生活意義和人類條件的最大的真實，在去靈山朝聖的路途中作者的自我又被孤獨感所震撼，於是被迫創造出了一個「你」，作為他本人的外射形象，而這個「你」反過來也被同樣的孤獨感所震撼，於是創造出了一個「她」。小說中出現的很多「他」其實也同樣代表作者自我的不同外射形象。通過這些人稱代詞的投射運用，作者能夠考察各種人類關係的寬廣光譜以及它們在個人身上的呈現。〔註十六〕

再用高先生自己的話：「《靈山》中，三個人稱相互轉換表述的都是同一主體的感受，便是這本書的語言結構。而第三人稱那她，則不如說是這一主體對於無法溝通的異性，種種不同的經驗與意念。換言之，這部小說不過是個長篇獨白，只人稱不斷變化而已，我自己寧願稱之為語言流。」〔註十七〕

從另一方面而言，二十世紀的小說儘管有不同的技巧和表達方式，但是以結構而言，大多數都以情節為主，有人物有對話。《靈山》，「乃是建立在一個內心的結構之上，以心理結構代替情節結構，以人稱代替人物。」〔註十八〕

歸納起來，人稱代詞在小說的心理結構上「都成為複雜多變的內心距離的稱呼」，也代表作者自我的不同外射形象；藉此「作者能夠考察各種人類關係的寬廣光譜以及它們在個人身上的呈現。」這種人稱代詞的運用及達成的結果，實在值得中國基督徒作家注意和思考！

也許從高先生《現代小說技巧初探》一書，對人稱代詞的論述可以獲得更清晰的了解。「我」作為敍述者雖然不可弄成全知全能，好像古典小說的說書人那樣，但是「我」可以充分抒發作者的感受，以其切身的感情直接打動讀者。〔註十九〕第二人稱的「你」，可以直接與讀者進行感情上的交流，「較之用第三人稱一個勁地敍述更容易打動讀者，比用第一人稱自說自話也來得更有效力。」〔註二十〕第三人稱的運用，不是現實生活中的人或事的客觀描寫，直接的說是作者對現實生活的一種認識。〔註二十一〕換句話說，用第三人稱「他」來敍述，無論哪一種寫法，作者的思想感情都孕育其中。

其中再配上一個合適描述的角度，並且運用一種合適的語調，就成為小說語言的藝術。〔註二十二〕如果把「『我』、『你』、『他』三個人稱交替使用，直接引語和間接引語之間的界限也消失了」，〔註二十三〕這可以說是「中國小說敍述中轉述語的獨特性」。〔註二十四〕因為缺乏時態標示，行文中又可以允許省略主語、代詞或名詞，所以中國文學中出現獨有的「兩可型」，「因為沒有時態與人稱的變化，它們能和敍述語言融為一體（間接式的優點），同時它們又具有（無引號的）直接式才有的幾乎不受敍述干預的直接性和生動性。」〔註二十五〕

筆者由此引發出一個特別的思考：中國基督徒作家可以更複雜、更廣闊地運用人稱代詞；隨之在文學上有更深刻的表達！

近代中國教會在詩歌或文章中漸漸多用「祢」和「祂」，我們姑且說這是「神稱代詞」；可惜仍未能更深刻地運用。固然，從基督教三一信仰來說，「祢」和「祂」都可指「耶和華」、「耶穌基督」及「聖靈」等三而一的真神稱謂，而三一真神當然也有「我」這一個代詞，最著名的「自我表達」是記載於聖經出埃圾記三章十四節：「我是自有永有的」；再從三一真神本身而言，這個「我」可以稱為「完我」（perfect self）。「我」、「祢」及「祂」由於同是指向神自己，所以這三個「神稱代詞」均是指向真善美的三一真神。中國基督徒作家透過真誠又有經歷的運用這種「神稱代詞」的多聲部敍事，從而寫成的長篇巨著，其水準可能達到前所未有的高度！

最後值得強調，「神稱代詞」其特別之處，事實上並不在「我」、「祢」和「祂」三個代詞身上，而且它們還要配合各種技巧才能發揮出那種獨特的效果。正如上文指出這三個「神稱代詞」均是指向真善美的三一真神，其存在並不孤立而且總與人及人們（或説信徒個人及教會整體）有著千絲萬縷的關係。因此，藉著這種「神稱代詞」的多聲部敍事，人的深刻經歷、聖經的真理、人對聖經真理的認識及實踐，還有歷代神學的努力與洞見等等，都可以在文學上有與別不同的深刻表達。當然包括以上各種文類的融合。此外，「現代小説創作中普遍採用的許多手法，諸如敍述角度的選擇和多重的敍述角度的運用、意識流、怪誕與非邏輯、象徵、藝術的抽象、對語言規範必要的突破和新的語言手段的創造、造成真實感和距離感的種種手段、結構和時間與空間的有機組合，凡此種種，都豐富了小說藝術的表現手法。」〔註二十六〕

固然，一些有成就作家的表現手法和獨特視野（vision）也不可忽略。在文學傳統方面，希伯來文學與中國文學的技巧及內容，有適當的吸收和融會，更可豐富作品的內涵。

—總結—

高先生獲得二○○○年諾貝爾文學獎，許多人都有不同的看法。然而，高先生在文學上主張「冷的文學」，《靈山》在文學形式上探索出「街頭巷議皆小說也」這種文學形式，以及筆者受高先生人稱表述的運用所啟發的「神稱代詞」，相信值得中國基督徒作家留意。如下僅就以上簡略的探討，扼要地歸納和補充。

「冷的文學」說到底並不新奇；更可說文學創作應該如此，只是中國基督徒作家有以上的情況。如果華人教會存開放的心，嘗試欣賞文學創作的意義，使中國基督徒作家有一個自由的空間來創作，避免受到不必要的意識形態的干擾；這樣，「冷的文學」是「自由創作」的同義詞而已！不然，中國基督徒作家就要適當的吸收高先生「冷的文學」的主張，且有所轉化；細節如何，這裏就不能旁及了。此外，正如高先生所表現的，他有自己的立場，但並不一定採取對抗的姿態；現代民主注重溝通和對話未必不可行，問題是不可以為事事以理性、成熟的態度就能把所有分歧迎刃而解，而真正有修養的胸襟和諒解，還有堅實的感性，這些都不可缺少！至於高先生那種「冷靜筆觸」只能隨各人能否吸收而定，不可勉強。

對於「街頭巷議皆小說也」這一文學形式，曾有學者稱之「多類型文本大膽融合」。〔註二十七〕可見，多類型文本不是隨隨便便放在一起的。或者以學者羅多弼（Torbjörn Lodén）言簡意賅的指出見其精要：「索解中國傳統脈絡中的靈山之妙，可以發現六大要點，或曰『靈山六義』（six tenets）。」〔註二十八〕

「靈山六義」名稱如下：「一種文學語言的重新創造」、「疏離」、「原始主義」、「反儒傾向」、「懷疑主義」、「中西文化糅合」。〔註二十九〕這些「靈山之妙」只就中國傳統脈絡來說，其中每一種文本互相融合各有精妙，若一一道出，要專書才可辦到，不如就此打住。

從小說創作而言，以「心理結構」代替「情節結構」只是其中一個方法；繼續運用「情節結構」，甚或創造新的「結構」也無不可。當然，「神稱代詞」有其獨特之處，然而配合各種小說藝術的表現手法，也是不可忽略。說到底，小說創作的天地仍未窮盡，「融會古今，力求創新」，仍是有志於小說創作的人繼續向前的動力。總括而言，以上所論，筆者認為實在可行，且有待中國基督徒作家的探究和應用！

二〇〇一年五月二十二日寫成這篇文章，十月二十九日略略修訂，二〇〇二年三月刊第一九九期《導向月刊》。

註釋

〔註一〕高行健：〈文學的語言——高行健在香港中文大學演講會上的講話〉，《明報月刊》第423期，2001年3月，頁59。

〔註二〕高行健：〈我主張一種冷的文學〉，載《沒有主義》（香港：天地圖書，1996），頁18。

〔註三〕劉再復：〈高行健小說新文體的創造〉，載《論高行健狀態》（香港：明報出版社，2000），頁46。

〔註四〕同註一。

〔註五〕見蘇恩佩：〈基督徒與文藝創作〉，載《基督教文學論叢》（香港：基督教文藝，1976），頁26。

〔註六〕高行健：〈文學與玄學‧關於《靈山》〉，載《沒有主義》（香港：天地圖書，1996），頁178。

〔註七〕高行健：〈《靈山》與小說創作——高行健在香港城市大學演講會上的講話〉，《明報月刊》第423期，2001年3月，頁52。

〔註八〕黃燦然：〈個人寫作的伸張——我看高行健獲獎〉，《作家》第8期，2000年12月，頁128。

〔註九〕參自梁家麟：〈徘徊耶儒之間——基督教與中國文化相關研究的評介〉，《建道學刊》第5期（1996年1月），頁205、207、210～211。

〔註十〕詳參邢福增：《文化適應與中國基督徒（一八六〇至一九一一年）》（香港：建道神學院，1995）。

〔註十一〕詳參邢福增：《基督信仰與救國實踐——二十世紀前期的個案研究》（香港：建道神學院，1997）。

〔註十二〕同註九，頁229。

〔註十三〕可以說經歷和感受都屬於具體的生活層面。這一方面梁家麟有以下分析：「有關個別中國信徒的心理反應與思想整合，論著頗多；但綜合性的研究，至今仍只有邢福增曾對晚清信徒的分析。原因除了資料缺乏、許多信徒均無文獻記錄存留、難究其皈依經過與心理反應外；也是在於不少研究者僅將注意力放在被研究者的文字言論，而這些言論大抵只敘述作者主觀對耶儒整合的期望，或空泛的理論模型，無法讓我們深究在具體的生活層面，基督徒知識分子的心理與文化衝突到底是怎麼一回事。」（同註九，頁218。）由此而言，資料可能不多，但是中國基督徒作家仍可從有限的資料中，憑其想像力和表現力作出合理的推想及必要的虛構。大致上仍可補此缺乏。

〔註十四〕參李歐梵：《中西文學的徊想》（香港：三聯書店，1986），頁112。所謂「思想上的蘊育」與「一種藝術和文化上的主觀『視野』」密切相關。筆者認為中國基督徒作家不單止對基督信仰有個人的體驗和了解，身為中國人對中國整個歷史、文化或社會也有自己的獨特見解。正如李氏解釋「一種藝術和文化上的主觀『視野』」：「所謂『主觀』，是從作家個人的學識和藝術良心為出發點所提出的觀點，所謂『視野』（vision）是指對整個歷史、文化、或社會的獨特見解，這種見解的幅度和深度，只有從自己的文化中潛移默化得來，中國傳統小說中有這種文化視野的當然首推《紅樓夢》。」（頁111～112）從某一層面而言，超越《紅樓夢》可以成為我們的目標之一。

〔註十五〕引自《明報月刊》第 419 期，2000 年 11 月，頁 72。

〔註十六〕馬悅然：〈瑞典學院和諾貝爾文學獎〉，《明報月刊》第 422 期，2001 年 2 月，頁 27。

〔註十七〕同註六，頁 173。

〔註十八〕同註七，頁 50。

〔註十九〕參自高行健：《現代小說技巧初探》（廣州：花城，1981），頁 11。

〔註二十〕同上，頁 13。

〔註二十一〕同上，頁 20。

〔註二十二〕同上，頁 22。

〔註二十三〕同上，頁 16。

〔註二十四〕申丹：《敘述學與小說文體學研究》（北京：北京大學出版社，1998），頁 352。

〔註二十五〕同上，頁 365。詳見該書第十章第四節「中國小說敘述中轉述語的獨特性」，頁 352 ~ 366。

〔註二十六〕同註十九，頁 107。

〔註二十七〕萬之：〈與傳統的獨特對話——也評高行健摘取諾貝爾文學獎桂冠的創作道路〉，《明報月刊》第 419 期，2000 年 11 月，頁 31。

〔註二十八〕羅多弼：〈高行健的《靈山》「六義」〉，傅正明編譯，《明報月刊》第 419 期，2000 年 11 月，頁 32。

〔註二十九〕同上，頁 32 ~ 34。

16 十分納九

十分納一是基督徒對神應有的本分，而我的十分納九是對神恩典的回應。事情源自一九九八年。這一年可謂正式開始投稿及發表作品。當時有一兩篇文章僥倖獲得刊登，後來有了稿費。稿費到了手，我卻沒有使用，而且心中更漸漸生出一份特別的感受：我寫文章當然用了不少時間、精神及心力，但是我的付出最多只值稿費的十分之一，神所賜的恩典和能力應該值稿費的十分之九，所以要將十分之九奉獻給神。有此感受後便把那些金錢的十分之九存入一個銀行戶口。行動有了，這些金錢用在哪裏卻一無所知。約一年後心中想及的，大概用在一些文字事工上，例如資助文字機構、出版書籍或作甚麼文字基金。

其中有一個小插曲，現在回想起來也覺得幼稚。既然這些金錢是神的，開戶口儲存，戶口的主人應該是耶和華（以三一神觀而言，用上耶穌基督或是聖靈也無不可）。然而開戶口不可如此，加上「鄧建良代行」才較恰當。後來想到，就算真的開到戶口，無論銀行職員是否基督徒，他們一定感到異常怪誕。說起來，我知道是順理成章的事，行起來卻沒有可能。

去年十一月寫作〈我們有主軸嗎？——從梁永泰先生「雙軸」觀說起〉一文，這筆金錢如何運用，可謂有了「突破」。相關的一段如下：

我的切切盼望，是筆者自九八年開始將所有從寫作得來的金錢的十分之九，將來能夠支持一兩位比筆者更有天分、毅力和恩典的基督徒作家，全職地專心從事文學創作，最終能夠寫出偉大的作品，光耀中國文壇，榮耀主的聖名！我切切盼望有此一天，我為此祈禱；也祈禱這一兩位弟兄姊妹，完全樂意接受筆者這筆完全出於奉獻的金錢！若能如此，套用梁先生該文最後一句話：「中國教會又何止可以出一個諾貝爾文學獎得主！」

到今年六月二十三日上午無意中與人閒聊，說了關於「十分納九」的用法；說了後即有後悔之意，晚上要向神悔改。話說，友人只問到近期有否寫作而已，我說了一番話，其中說道，要開始不斷為「那些人」禱告，即「支持一兩位比筆者更有天分、毅力和恩典的基督徒作家，全職地專心從事文學創作，最終能夠寫出偉大的作品……」我更說如果他們不比我更有天分、毅力和恩典，我支持他們有何用處。我的悔改是包括觀念和心態。真的不支持那一兩個縱然不比我更有天分、毅力和恩典的基督徒作家？神要

我如此，我就要順服。這是一個很簡單的道理。事實上，如今仍然缺乏基督教的文學作品，多一些基督徒作家全職地專心從事文學創作，能夠寫出更多文學作品，誠然是一件美事！

進一步來說，如果那一兩位基督徒作家，在我看來，從作品而言無論內容和技巧，根本沒有可觀之處；可是，神的心意卻要我支持他們，我豈不仍然要順服，按照祂的旨意而行麼？金錢已奉獻給神，那些金錢又是支持一些基督徒作家全時間從事文學創作。最要緊的是神的心意，然後哪一兩位基督徒作家，只是細枝末節而已！求神不斷教導我學習多方面的順服，也教導我虛心地獻上這筆金錢，不亢不卑，只是歡然順服，靠神的恩典努力從事創作。深願我獲得金錢後樂意奉獻，支持他人，阿們！

二〇〇一年八月八日寫成這篇文章。二〇二一年九月十三日最後略略修訂。

中國基督教的《紅樓夢》何時出現？

17 中國基督徒作家對真實的追求

一引言一

真實和虛假是相對的。真實往往使人踏實，雖然有些時候不免有點殘酷；虛假常常令人生厭，然而不少時候我們在虛假中卻不自知。作家也是普通人，不可能避免真實和虛假的相生或隱藏；相反，他們力求寫出真實的意蘊，縱然用上虛構的方法來加以表達。至於基督徒作家固然離不開上述的情況，並且他們應該挖掘得深入，表之文字上，不但與其他作家不同，而且理應顯露屬靈的視景，在明白人性和深思人生兩方面別具不同，甚至特別深刻和有力。

概觀近代中國基督徒作家，肯定在寫作上各人都有所追求。他們自然有相同之處，可是，仔細比較起來也有許多不同。寫作的風格及題材的選擇是較概括的不同，可以不說。但是，如何看待基督徒的深層生命和世人的內在生命，卻攸關宏旨，不可不提。在這裏，各人就顯出不同層次的取向和高下；當然，曾有專論作出有關的分析，對象也不限於基督徒作家，相關的作家也包括在內，例如《兩刃之劍——基督教與二十世紀中國小說》所析論的，〔註一〕然而專就以上明白人性和深思人生這兩個批評家常常提到的文學目的，在基督徒作家中作出分析，已經很難看到，而如何看待基督徒的深層生命和世人的內在生命，就更付諸闕如；筆者稱這種「真實」的追求為「生命的真實」的重現。如下，先從近代教會內外的寫作模式說起。

一 近代教會內外的寫作模式 一

過去不少基督徒寫出來的作品，自有一套觀點來衡量；這套觀點如何走出來，暫可不必計較。例如彭海瑩曾綜合蘇恩佩的見解，提出以下對基督教小說主題和表達方式的分析：

> 我們常常看到很多基督徒寫小說不外乎一種公式：從失敗到得勝、從悲哀到歡笑、從跌倒到爬起，但是一部真正有藝術價值的基督教小說，應該忠實地描寫成長蛻變的過程，反映心靈的掙扎和盼望；正如蘇恩佩所說：每一個基督徒作家不但要答問題，也應有勇氣去問問題；不但要下結論，也應該夠坦誠不下結論；不但要擁護理想，也應該要暴露現實。〔註二〕

相對以上的話，蘇恩佩在〈基督徒與文藝創作〉中引用女作家歐文（Grace Irwin）的話，可作為以上分析的反響，反省起來並不局限於小說創作：「『基督徒若始終是畏縮、怯弱的懦者，無論思想、行動和寫作都受制於別的基督徒，而非受聖靈的驅使，他們始終會在文藝創作上落後於人。』」〔註三〕是否真的落後於人，只能看基督徒作家本人的自覺及反省後如何取向，不過從整體上作歸納而在教會內最流行，則有「見證式的故事」或「傳教式的道理」。〔註四〕在教會外較多的小說，則存在以下這個主題：「真正的信仰內涵跟教會中所呈現出來的信仰，有非常大的差距。」〔註五〕陳韻琳曾表達過：「這種透過呈現暗斥『教條主義』的文學作品，比例大得令人稱奇。」〔註六〕

這是否顯示出真實和虛假的吊詭，而教外的人看得比我們清楚呢？也許，除了這種側重有其原因，更重要是揭示了這種寫作模式不能寫出傑出甚至偉大的文學作品，因為他們在暗斥中已漠視了基督信仰中最寶貴的地方——神真實的愛和神的同在。其實，真實和虛假都會存在每一個人的生命中，無論他是否基督徒。怎樣獲得這份洞悉力，可以區分兩者的幽微，途徑只有活出一份對神和對自己的謙卑以及不斷受聖靈感動，不斷延綿出一種深度的自覺；在作品自自然然顯出真實和虛假，相生又相剋的屬靈深度！由此，傑出甚至偉大的文學作品就產生出來。說回正題，固然真實和虛假還有許多層次和方向可說。如下先說二〇〇一年在諾貝爾獎百年慶典中「見證的文學」學術討論會上高行健的演講，看看他對真實有何論述。

一 高行健對真實的論述 一

高行健的講題為「文學的見證——對真實的追求」，在演說中他對文學創作的各種問題作出精深的思考與評析，尤其是對真實的追求這方面。

作家在觀察大千世界的同時，如果也能觀省自我，通過對自我的觀省再反觀他人，所達到的洞察力，會遠遠超過事實的客觀描述。〔註七〕

這一段話說得簡單卻來得深入。對自己內在有所觀省，是絕不簡單，至少需要頗大的勇氣。而「通過對自我的觀省再反觀他人」應該歸入可詮釋又不可詮釋的語言範疇；或者可以簡單地說作家對外在的世界，由內而外的深沉表達，其中包含一種生命的付出。是痛苦？是喜樂？又或苦樂參半？我想這些都不能盡其內涵。高行健用平實字眼道來，不作任何深層的解釋。洞察力的程度，他沒有誇大，的確遠遠超過事實的客觀描述。不過，可以深入一些來詮釋。不單是事實的客觀描述，其實這種由內而外的轉化及用文字加以表達，是心靈對事實的重塑，將事實蘊含的內涵，重重剖開又重新組合。

作家所以不滿足於對真人真事純客觀的報導而訴諸文學，也因為通過文學的手段可達到對人世更深刻的了解，哪怕這種觀察出自於作家

個人，有其局限。這種主觀性也是不可避免的，但記載的卻是人真實的感受。〔註八〕

這一段與上一段頗有關係。作家「通過對自我的觀省再反觀他人」，他一定「不滿足於對真人真事純客觀的報導」，而他「訴諸文學」就是心靈對事實的重塑。為何如此？「因為通過文學的手段可達到對人世更深刻的了解」，這裏即是以上所言「將事實蘊含的內涵，重重剖開又重新組合」。高行健分析得仍然深入，他說「哪怕這種觀察出自於作家個人，有其局限。這種主觀性也是不可避免的，但記載的卻是人真實的感受。」或者可以深入地說，這種「人真實的感受」是作家特有的異能。他能夠在其真實的感受上，把人世間所洞悉的化諸文字。當然，作家真的能否表達出那份「對人世更深刻的了解」，很在乎他的天賦和文字修養如何，其次就要看當時的環境如何，是否呼應他所表達的深度；這裏可以說，彼此「互相印證」。

不幸的是，這社會愈是現代化，作家這行業也愈加商品化，文學產品同樣逃不脱市場規律，而且得爭相兜售，這樣的市場文學當然不再以真實與否作為價值的判斷。〔註九〕

這是現在愈來愈商業化的社會對嚴肅創作的作家絕大的挑戰。可以説，基督教出版界也難以避免。惟有不斷有人醒覺，盡力抗衡；不單作家和出版者，讀者方面更應反省。説回作家本身如何面對「不再以真實與否作為價值的判斷」的市場文學。那位作家具有才華，更有抱負，可惜作品不容於市場文學，他放下一切理想，寫市場文學要他寫的作品；這是絕大的吸引，同時也是那位作家絕大的悲哀！高行健的經歷可作參考。他不管作品可否出版，只寫自己想寫的，套用劉再復的話，「他寫作只為了自救，決不迎合時勢，也決不迎合讀者，他和我説得最多的一句話是：『退出市場』。他説到做到，身體力行。在《靈山》每年只賣出幾十本的情況下，仍然堅持自己的文學信念，不怕孤獨與寂寞，寫出了《一個人的聖經》。」〔註十〕

選擇見證文學這種寫作的作家，當然也很清楚，以真人真事或依據個人的親身體驗來寫作，就文學創作而言畢竟是自我設限。而作家所以接受這種限制，則來自對真實的追求，真實與否，也就成了作家高於一切的價值判斷。〔註十一〕

憑空想像，或是天馬行空，為多數批評家或作家所否定，因為他們會認為文學創作與人生息息相關，完全脫離現實的文學，不是文學。高行健在這一段最重要的表達是，雖然選擇見證文學這種作家，畢竟是自我設限，而他們能夠接受這種限制，原來是對真實的追求。他更認為「真實與否，也就成了作家高於一切的價值判斷。」究竟這種真實到底如何，高行健沒有詳論，不過可以肯定，這種真實就是作家認為現實生活應該如此，或是不為人深知的現實就是這樣。也許，文學的世界就在這裏，還有對人深一層的認知也在這裏。對基督徒作家而言，選擇見證文學這種寫作，他的見證一定離不開耶穌基督。

說到當代文學，特別是小說創作，作家將個人的經歷小說化愈來愈普遍，也因為如此貼近已有的經驗，並非憑空虛構，更容易進入體驗，感受到生命的脈動。〔註十二〕

這裏牽涉到創作之前的取材問題。個人經歷，某程度是相對的，而大小、深刻、豐富或貧乏也較難論定。在一般作家而言，只能取決作家本人，看他如何轉化經歷，最終能否成功地表諸文字。至於「更容易進入體驗，感受到生命的脈動」後，在表諸文字之前，其選取和如何開拓是關鍵所在。

只要能捕捉到人真切的感受，事實與虛構的分野何在，對考據作家的生平或許有用，對文學而言，卻沒有意義，有意義的倒是，觸及人性的深淺，能否揭示人生的真諦。〔註十三〕

對文學創作有較深入認識的人，以上的話可謂平平無奇，本來無需再加甚麼補充，可是，近代的基督教小說，不少作品在以上兩方面沒有刻意的追求。這無疑使小說的作用大打折扣，由此難以達到藉文學表達基督教的真理，這個最基本的創作目的。筆者不反對小說有娛樂的成分，然而若缺乏啟迪人生之功，無論這篇作品有多好的文采也是枉然。當然，能否達到要看那人有沒有此能耐，強求不來。如果，以上的情況只源於能力所限，不是沒有刻意的追求，我們真的需要向主多多祈求，使那些有心於基督教文學創作的人，更有恩賜和能力，在作品中觸及人性的深處，把人生的真諦揭示更多。

> 文學通往真實的路建立在感性的經驗上，作家靠對經驗的記憶，通過想像，重新喚起具體的感受作為坐標，從而進入未曾親身體驗過的領域。〔註十四〕

這一段，高行健敏銳地指出，怎樣達到真實。第一，他知道要達到真

實的路徑，關鍵在於「感性的經驗」；第二，作家由經驗的記憶，通過想像力，重新喚起「具體的感受」。最後也是最關鍵的一點，要寫出通往真實的文學，作家必須藉著那份「具體的感受」作為導向，從而進入一個在作家個人深處也是「未曾親身體驗過的領域」。如此，在文字上表達出的真實，就更能使讀者反思許多從前不曾想過的問題。

作家當然不只依據自己的生活經歷，他人的閱歷同樣也可以借鑑。然而，這種間接的經驗得激盪起作家自己真切的感受，才能進入創作，否則只是死的材料。所謂靈感，正是這種觸動喚起的直覺，霎時照亮了內在的通往真實的路。〔註十五〕

高行健又再一次觸及文學創作上另一些「奧祕」。高行健用了簡潔的文字，表達出從間接經驗如何通往真實，不需再次解釋。不過，對基督徒作家而言，筆者覺得有些地方，需要慎重地指出：基督徒作家那份真切的感

受，並不孤零零地存在。它產生於長期與神相處，不斷觸摸神的心意又實行神的心意後的「回響」。從創作文學的實際過程而言，基督徒作家在不斷創作中漸漸知道那真實的路，應如何走下去才能達到。而基督徒「靈感」的產生，其情況也如高行健所言，不過值得強調，它是上面所述的情況，經歷長時間後的結果，只是在某一個時空裏發生而已。

> 人之所以為人，正因為通過語言的表述而意識到自身的存在；並非倒過來，由定義和觀念來解說人生的存在。〔註十六〕

高行健的演講是對文學的見證的論述，應該沒有甚麼神祕色彩，可是以上一番話，也是說得簡單又來得深奧。後半句是簡單不過的，只是上半句較難解釋。語言是一種說來容易，深入研究卻是複雜深奧的東西。高行健略略道來，「人之所以為人，正因為通過語言的表述而意識到自身的存在。」如果只把語言這個東西局限於文學上的話，「意識到自身的存在」無疑是通過語言的重塑從而引起這樣的意識。上文一直以真實為論述的中心，而筆者的了解，真實最終喚起的是人心底對現實人生表面以外的認知；對基督徒作家來說，是屬靈而不是屬物質的。對一般作家而言，「意識到自身的存在」就是人體驗到人本身應該進一步活得如何，而不是單單停留目前所知所聞那樣簡單。

> 而人並不知道人到底要到哪裏去，或是以為要去那裏卻又去不了，或是知道要去哪裏並努力去，而這究竟又有甚麼意義？〔註十七〕

意義的尋索，本是人生一大問題，一般基督徒對此也會有肯定的答案。筆者不能否定基督教的確有正確的答案，問題是在文學創作上似乎仍未有一本分量十足的作品，把這個意義具體而微地表達出來。一般人經歷了基督的愛，他會悔罪歸主，而那份感覺也可表達，但是卻不能十分深入。做到深入而具體，惟文學才能達到。

人如果從文學中得到些感觸，有所感動或醒悟，這就夠了。文學倘若能喚起人思考，這文學就有其必要；而喚不起人思考，這文學也就可以結束了。當文學喚起人的感受又促使人思考之時，那就沉浸在這感受中去體會其中的意味。〔註十八〕

事實上文學並不包羅萬象，它的作用正如以上一段引文。倘若人能從基督徒的作品中，喚起了感受又引起了思考，而沉浸在這感受中去體會其中的意味，就更能發現耶穌基督的奇妙和寶貴！這最終會達到人生的真實：一直與深深愛他的真神，永永遠遠、且愈來愈深的契合；基督徒作家也是為此而已。

—基督徒作家對真實的追求—

當然何謂真實及如何達到真實，從以上藉高行健演講內容的若干引述，筆者已作出層層論析。如下，筆者把以上及個人的看法，整體歸納並作出綜合的分析，以供基督徒作家參考。

回顧過去，更正教來華將近二百年，無論在發源地的中國，或是曾作殖民地的香港和澳門，抑或海外各地的華人社會，都有為主完全擺上的牧師、傳道和不同階層的信徒。他們已有不少深切動人的事迹，記載於各種不同的書籍、報刊、通訊和刊物裏。筆者十分相信這些文字永遠存留一些人的心裏，激勵他們不斷向前，堅定靠主，生命更新。可是，那麼多的感人事迹大都並未經過提煉和昇華，重塑於傑出的文學作品中（偉大的作品不輕易產生，在此不論），成為文學的真實，永垂中國基督教會，感動後世的信徒和中國人。

首先，問題在於那位基督徒作家，如何選取，又如何表達。而那位基督徒作家的選取和表達，又取決於他的經歷和文學修養，並且他領受了甚麼異象也有直接影響。此外，環境的影響也不能忽略，因而上文曾提及基督徒寫小說有一種公式，在教會內最流行的「見證式的故事」或「傳教式的道理」則是另一種表現方式。筆者並不贊同以上的公式或模式，所以上文曾指出「只能看基督徒作家本人的自覺及反省後如何取向」。筆者認為自覺和反省後如何取向，「基督徒的深層生命和世人的內在生命」這兩方面是值得重視和探究的。

在現今世界有一個微妙又不常有人探尋，尤其是基督教的小說更少問津的，就是「基督徒的深層生命和世人的內在生命」。不少基督教小說，只徘徊表面人生的描繪，進不到那兩個層面。因此，他們很容易滑入某種模式中，或者不自覺地用了「見證式的故事」或「傳教式的道理」。其實，進一步而言，那位基督徒未能將聖經的真理深入內化於個人生命中；只在講道或分享會中聽聞目睹，便滿以為自己已領受了，擁有了。他不知道真理要在裏面生根建造，不斷開拓，層層而上；這個過程免不了有失敗、沮喪、受傷、醫治，甚至相反的，產生迷失、憤恨、麻木、心死等令人可歎可悲的情況。

也許，可以說這樣複雜而又豐富的生命，不少基督徒作家都不敢深入挖掘。他們當然有其理由，例如基督徒的生命有許多正面、積極的地方，負面的或醜惡的無需在作品中表現出來。以上曾提及「真正的信仰內涵跟教會中所呈現出來的信仰，有非常大的差距。」而「這種透過呈現暗斥『教條主義』的文學作品，比例大得令人稱奇」，「這是否顯示出真實和虛假的吊詭，而教外的人看得比我們清楚呢？」隨之，筆者作出分析，「也許，除了這種側重有其原因，更重要是揭示了這種寫作模式不能寫出傑出甚至偉大的文學作品，因為他們在暗斥中已漠視了基督信仰中最寶貴的地方——神真實的愛和神的同在。其實，真實和虛假都會存在每一個人的生命中，無論他是否基督徒。」現實的世界，昏亂彷徨，不斷有吶喊之聲：說來一派正義有之，全無道理有之，無可無不可也有之，不知如是好也大有人在。其中最重要是對生命說「是」而對虛假說「不」；這種「是」與「不」的執著，不是手到拿來，而是經過痛苦掙扎，對己對人的重重剖開才可達至。若不是敢於挖掘這樣複雜而又豐富的生命，他的作品就不能達到一個更高的境界。我們的基督教文學作品仍然是平庸而不具特別的深度；如此真是可有可無，遲早棄如敝屣！

假如基督徒作家敢於挖掘這樣複雜而又豐富的生命，而他具有神的恩賜以及足夠的文學修養，在神的恩典下能言他人所不敢言。在文學的真實中，這種深入的成聖過程的揭露，其用處是雙重的。人的生命可謂千變萬化，各族各國各處的人也具有大致相同、細微處又各不相同的性格特徵；這就成為作家取之不盡的泉源。基督徒作家與其他信徒一樣，經歷過看來十分簡單其實又具決定意義的決志信主這個步驟。從某一方面而言，這個開始改變生命的行動，含有開發生命深層意義的作用。這正是上面一再提及的「基督徒的深層生命」；而這種生命被探尋出來，加以深刻揭露的話，世人的內在生命就同時被滲透了，形成相輔相成的特殊果效。只要眼光獨到，取捨得宜，其果效肯定不同以往！

從以上所論，可見基督徒作家不能只停留在蘇恩佩所說的，「每一個基督徒作家不但要答問題，也應有勇氣去問問題；不但要下結論，也應該夠坦誠不下結論；不但要擁護理想，也應該要暴露現實」，他們要向上更深的層次進發。可惜好像沒有多少基督徒作家發現以上的路向，作品往往流於表面的層面，不能在筆下展現廣闊的天地。當然，關鍵在神的恩典和本身有沒有勇氣，不過對以上所論能否領悟是先決的條件。如果領悟以上沒有問題，高行健演講內容的若干引述和筆者的論析便可相接運用，開出對上面所謂「生命的真實」的追求。

首先，作家要觀察世界。作家觀察世界同時觀省自我，其實是一種生命的付出。這種由內而外的轉化，上面曾說是心靈對事實的重塑，將事實蘊含的內涵，重重剖開又重新組合。這種組合，是對人世更深刻的了解。只要作家有天賦和足夠的文字修養，加上當時的環境與他所表達的深度互相呼應，結果會是非常深刻的。但是，愈來愈商業化的社會，對作家而言，有絕大的挑戰；我們惟有堅持自己的文學信念，不怕孤獨和寂寞，作出「退出市場」的行動。目的是為了對「生命的真實」的追求，而所謂「真實」就是作家認為現實生活應該如此，或是不為人深知的現實就是這樣。基督徒作家選擇見證的文學這種寫作，這種見證，說得明白，一定是耶穌基督。

接下去是創作之前的取材問題。上文已強調「更容易進入體驗，感受到生命的脈動」後，在表諸文字之前，其選取和如何開拓是關鍵所在，上文論之甚長，不再重複。正如上面曾說，如果缺乏啟迪人生之功（人性的深處和人生的真諦）是限於能力，我們只有向主多多祈求，賜下恩賜和能力。跟著是如何達到真實的路徑。由感性的經驗而起，在記憶中通過想像，重新喚起「具體的感受」，其後藉此「具體的感受」作為導向，從而進入一個在作家個人深處也是「未曾親身體驗過的領域」。

此外，作家不只依靠自己的生活經歷，他人的閱歷同樣也可以借鑑。對基督徒作家而言，這種從間接經驗激盪起個人真切的感受，產生於長期與神相處，不斷觸摸神的心意又實行神的心意後的「回響」。從創作文學的實際過程來說，基督徒作家在不斷創作中漸漸知道那真實的路，應如何走去才能達到。而基督徒「靈感」的產生，是上面所述的情況，經歷長時間後的結果，只是在某一個時空裏發生而已。由這種「靈感」寫成的作品，是飽含屬靈視景的，且超越一般人的所知所聞！因為只有文學才能做到深入而具體，耶穌基督的奇妙和真實就更能表達出來，基督徒的深層生命和世人的內在生命也就更真實：一直與深深愛他的真神，永永遠遠、且愈來愈深的契合！

總結

在當代的基督徒作家中，有多少人對以上所論「生命的真實」有全力的追求？筆者不禁想起二〇〇一年諾貝爾文學獎得主奈保爾（V. S. Naipaul），在獲獎演説辭中引用普魯斯特（Marcel Proust）《駁聖伯夫》（*Against Sainte-Beuve*）中的兩段話：

> 假如我們有天才的話，我們應當描繪的美好事物，是那些內在於我們的、朦朧不清的畫面，宛如記憶中的一段旋律，一段無法重新捕捉其音符，卻曾經給我們愉悦的旋律。這種朦朧的真實的記憶，他們從來就沒有弄明白，卻沉浸其中——這樣的人就是所謂天才……

天才就像一種記憶，這種記憶使他們最終能夠把遙遠的模糊的音樂表現得愈來愈近，愈來愈清晰，並且把它記錄下來……〔註十九〕

奈保爾最後以這兩句話接上那兩段文字；「普魯斯特說這是天才。我要說，這是幸運和辛勤的勞動。」可能我們中國基督教近二百年，從來沒有出過文學的天才。許多基督徒作家也不見得在文學上有甚麼幸運，至於在寫作上是否有「辛勤的勞動」，相信一定有，但是，最終可否如奈保爾一樣，得到世界文壇的最高榮譽諾貝爾文學獎，直到現在無可論定，甚至無可展望！可是，天才不可期，努力卻可付出。其實以上一再論析後展示的「生命的真實」能表達出來，就是「那些內在於我們的、朦朧不清的畫面，宛如記憶中的一段旋律，一段無法重新捕捉其音符，卻曾經給我們愉悅的旋律。這種朦朧的真實的記憶，他們從來就沒有弄明白，卻沉浸其中。」可以說以上是「生命的真實」一種詩意性的表達，並且是筆者所稱為「生命的真實」的重現。然而對「生命的真實」的真實和虛假，能夠做到洞悉兩者的幽微，途徑只有活出一份對神和對自己的謙卑以及不斷受聖靈感動，不斷延綿出一種深度的自覺；在作品中自自然然顯出真實和虛假，相生又相剋的屬靈深度！

甚願有基督徒作家對「生命的真實」有所追求，最終有足夠的恩賜和能力寫出這樣的作品來；而偉大的中國基督教文學作品相信可以由此產生！

二〇〇二年十月十七日寫成這篇文章。二〇〇三年七月和八月刊在第二一五及二一六期《導向月刊》。最後，二〇二一年九月十四日略略修訂。

註釋

〔註一〕 參 Lewis S. Robinson, *Double-Edged Sword: Christianity & 20th Century Chinese Fiction* (Hong Kong: Tao Fong Shan Ecumenical Centre , 1986)。

〔註二〕 引自彭海瑩：〈基督教小說作品一覽〉，載《基督徒的編寫藝術》（香港：福音證主，1986），頁 84。

〔註三〕 蘇恩佩：〈基督徒與文藝創作〉，載《基督教文學論叢》（香港：基督教文藝，1976），頁 18。

〔註四〕 引自張光譽一篇序言，載野聲：《解構》（台北：雅歌，1997），頁 8。

〔註五〕 引自陳韻琳：〈綜論中西文學作品中的價值超越向度〉，頁 5〔網上文章〕；取自其網頁（life.fhl.net）；瀏覽於 2022 年 1 月 20 日。

〔註六〕 同上。

〔註七〕 高行健：〈文學的見證——對真實的追求〉，《明報月刊》第 433 期，2002 年 1 月，頁 32。

〔註八〕 同上。

〔註九〕 同上。

〔註十〕 劉再復：〈新世紀瑞典文學院的第一篇傑作〉，《明報月刊》第 419 期，2000 年 11 月，頁 37。

〔註十一〕 同註七，頁 33。

〔註十二〕 同上，頁 34。

〔註十三〕 同上。

〔註十四〕同上。

〔註十五〕同上。

〔註十六〕同上，頁36。

〔註十七〕同上，頁37。

〔註十八〕同上。

〔註十九〕奈保爾：〈兩個世界——諾貝爾文學獎獲獎演說辭〉，傅正明譯，《明報月刊》第435期，2002年3月，頁50。

第二輯

領受與看見

18 在生命之內

有時候，當你能夠「感到」生命之內有某種「東西」，這個「感到」和「東西」是相當特別的。你觀看我，我觀看你，首先一定從外表開始。彼此相識愈久，了解就愈深，然而只要你放眼四周，漸漸懂得人情世事，你自然知道各人對自己和他人的了解，深淺不同；各人的感情能維繫多久，也各人不同。其中那份相知相感，說起來，更奇妙。也許你聽人說過，有人一望朋友，已經知道他想甚麼。論到夫妻，一動聲氣，作丈夫或是妻子的，不須看眉頭眼額，已明瞭對方有甚麼行動，下一句話會怎樣說。這個時候，只需要說一句簡單的話：「不用說，我知道了！」緊握對方的肩膀或雙手，才是繼續溝通的途徑。到了這裏，你在生命之內「感到」甚麼？有某種「東西」？我相信你會認同我的話：這個「感到」和「東西」是相當特別的。

再說下去，還有其他特別的地方。每個人都知道，這個血肉之軀，可以知寒暖，會發病，會衰老，不能永遠存在。上面所言，你叫情意也好，叫感情也好，或叫心有靈犀，甚至你認為在身體內一種不能完全名狀，卻內在於人體裏面，不會隨身體過去而不存在的東西。或如中國文化所言，仁、性、命、理、氣、良知、良能，又或是近代人常常會說的，「精神生命」、「精神長存」、「心靈」和「靈魂」。大致說來，就是基督徒常常會提到的靈、魂、體。事實上，這些觀念，從來不易說清，千百年來也有人一直孜孜追尋，欲明白箇中真諦而不得。只有少數可謂得天獨厚的哲人或異士，能把體驗出來的重點，較清楚地闡述出來。

作為基督徒，當然一定要從神的啟示來了解。然而把握聖經的觀點，又在切身的體驗中加以印證，作出更深一層的表達，就更不容易。在文學上可以較為具體地呈現出來，但是馬禮信來華將近二百年，似乎還沒有一本公認的偉大基督教文學作品，可以把上面所言，那些在生命之內的「感到」和「東西」，既深入又明確地表達出來，且呈現完備和豐富的面貌。筆者作為一位基督徒小說家，更有一番領悟。

首先，靈、魂、體三者彼此的關係是怎麼樣？在學術上而言，一般稱為「一元」、「二元」和「三元」的爭論。不同時代的人，有不同的主張，可是單從人生種種的經驗，也大致可辨。若是人單單只有一種本質的東西，靈、魂、體完全歸一，這明顯有違對身體較深的領悟。人是「二元」的話，人只有物質和非物質。身體當然是物質，而靈和魂則是非物質；這種非物質，如果有時候稱為靈，又有時候稱為魂，這樣的內在生命，多少有點混淆不清。如此，人對生命的了解，也會混亂起來。不單在觀念上對本質理解的混亂，而且人更混亂了本身可感到卻沒有好好釐清的體悟。至於「三元」的說法，更將人的整個生命分為三種不同本質的東西，甚至將靈和魂兩者徹底對立，藉此也將神和人徹底對立。這樣，人就更混亂，更不明所以。因此，有人稱三元論者是更激烈的二元主義者，的確有其道理。〔註一〕故此，靈與魂有一些特殊的相依關係，而它們又同時存在於身體之內。

人的靈是神與人的接觸點，是人最敏感、最能坦率回應神的層面。靈是整全的人最高的層次，其次是魂，最後是體，但卻不能把三者分割。靈與魂的分別在於，靈是人理性與永恆生命的原動力，神賜自己的形象給人，使人的魂充滿活力。人的個別性格屬於魂的特性，此外包括一切的感情與意欲，例如對義對罪的良知、人脆弱的思想與意志，同時也包括人一切內心的動力。靈本身有自己的生命力，而魂則較受個人限制。我們可以說靈是人生命的原動力，而魂是人生命的流露。生命愈屬靈，屬魂的表現應該愈好，因為這是神的形象，是神的「氣」所產生的生命，有神的印記蓋章（創二7）。〔註二〕

李耀全牧師對新約聖經的分析以及用比喻解釋靈與魂的關係，也值得參考。他指出新約聖經中的靈較清楚指人屬靈的傾向和本性，而魂則多指屬血氣的傾向與本性。簡單地說，這是指人同時具有性善與性惡兩個極端。此外，李牧師更指出靈與魂兩字有共同之處，但靈不可以代替魂。他用了一個比喻來解釋：「身體好像一個熱水瓶，裝在裏面的水可以是熱的或是冷的；水就是我們的生命，可以有不同的溫度（表現），但性質總是一樣的。靈與魂是人生命的不同表現，這表現受神的靈影響。生命的表現是屬靈或是屬魂，在於人與神的關係是否緊密。一個屬靈人是一個更像人的人，因為他的人性（魂的生命）原本就是神的形象。」[註三] 這個可識別卻不能分開的一個單元，至少在此生中是不能完全截然劃分，而人性偏向善或偏向惡，關鍵在於與神的關係，是否不斷緊密。

在學術上的分析，張慕皚牧師、李耀全牧師、庫爾曼（Oscar Cullmann）和安德森（Ray S. Anderson）的意見，可以作為一個不錯的總結。張牧師認為聖經裏的人觀是整合的二元論，「強調在今生身體與靈魂是可識別卻不能分開的一個單元（unity），但是人死後靈魂和身體卻可以分開而靈魂獨立存在（雅二26），在今生靈魂和身體在功能上是息息相關，不能分開的一個整體。」〔註四〕李牧師指出哥林多前書十五章四十四節及以下，保羅是強調人復活以後，人是完全失去他屬魂（血氣）的身體，只有屬靈的身體。庫爾曼強調，聖經從來沒有提及靈魂不死的觀念，聖經的重點是強調身體的復活。〔註五〕安德森對靈、魂、體有如下的分析：「靈、魂、體是人自我生命（the life of the self）的三個範圍。但每一個範圍都是這單一自我生命的表彰。由此我們開始了解人自我的心理與靈理範圍在功能上的整合，與其朝向人外在的生命（包括神的靈）及自我生命的傾向。」〔註六〕靈、魂和體合成整合的一個單元，各自有不同的範圍和功能；功能上有整合的表現。人死後屬魂（血氣）的身體完全失去，只有屬靈的身體，這個身體在復活後出現。這個合一的單元並且有朝向人外在和自我生命的傾向。外在生命包括「神的靈」可視為一個重點來看待。

綜合而言，靈、魂、體三方面，身體與靈魂是可識別卻不能分開的一個單元，而靈與魂是人生命的不同表現，各有不同的層面和特點。人性偏向善或偏向惡，關鍵在於與神的關係，是否不斷緊密。整合起來有朝向外在的生命（包括他人，而神的靈這方面是一個重點）和自我生命的傾向。復活後的屬靈身體，更是特別，因為沒有屬魂（血氣）的敗壞，生命就更美好和完全。這樣複雜的關係，一定需要一份耐心的區分和整合，才可吸收和融會。如果聯上基督徒小說家對明白人性和深思人生這兩個重要的主題，又可引出值得注意的兩個問題。

第一個問題：如果一位基督徒小說家，對人性和人生有深度的領悟，又有能力表之於小說，最關鍵的地方，就是他的方向是否對得準確。最簡單的說法就是將靈、魂、體三方面加以辨析和呈現，使人對生命產生深刻的領悟。把三者放在一起而論，在體來說，華人教會的傳統傾向負面，只重視靈，而魂多數被了解為個人的心思所在，視為屬血氣和不屬靈的地方；這樣，魂不期然受到貶抑，注意極少又不夠了解。小說的內心描寫方面，不能諱言，在魂的層面，數十年來可以說有不少基督教小說觸及，所呈現出來的情況也不是單一的，然而深入魂的內層的作品，應該屈指可數，更不要說到多層次的呈現。如果這方向真的要對得準確，最基本是從靈、魂、體三方面著手，嘗試以不同敍述觀點和內含人性矛盾的生命，結合對靈、魂、體三方面的辨析，是否開出一個深具意蘊的方向。

第二個問題：如何寫出偉大的基督教文學作品。當然，以上的方向對準了，才可邁向偉大的基督教文學作品，因為明白人性和深思人生才可由此透顯出來。據筆者所知，沒有一本稱得上偉大的小說，不是個人主觀和客觀的融合。主觀方面，當然包括內在生命的貫注、對人生的反省和了解以及對他人一份微妙的啟發。客觀方面，固然是指這個現實的世界，同時也可指向一個眼睛似乎不能看見，但又可感觸的心靈世界。此外，尤其是作家所處的時代，範圍縱然局限於作家日常生活的小鎮，又大至完全離開地球，遠至無窮的宇宙。再深入闡釋，還有不少層次可言，但總歸主觀和客觀的融合而不可分，最終達到靈視境界。

總括而言，在生命之內的「感到」和「東西」，實在奇妙，在小說裏刻劃出來，絕對具有挑戰性。過去對靈、魂、體，基督徒小說家一是既不注意，只停留表面的描寫，進不到更深的層次；相反，是注意了，卻沒有足夠的能力抓著重點，作多層次又多方向的探討。惟有偏向某一方面，不能通觀全貌，玲瓏剔透地呈現出來，展現出一個廣闊的靈視境界。固然，這個靈視境界，尋根究底，是真理的聖靈在人生命中的啟迪，人才能在某一刻豁然開朗，深切地領悟到人如何齷齪和卑微，卻可以活得尊貴，而且縱然充滿苦難和被人侮辱，還能微笑地面對。這最終只能說，是神在人生命之內的彰顯，奇妙到一個程度，幾乎不能言詮！可以說，若能在小說中具體地刻劃出來，對那位作家而言，是寫作上的恩典！可是，在小說家本身來說，無疑含有獨特的挑戰。他只能全力以赴，又不斷仰望神的恩典，務求克服這個絕大的挑戰！

二〇〇三年九月一日寫成這篇文章。在十一月初閱讀梁家麟的《信訂一生》一書，偶然發現他另有一篇論文〈《屬靈人》與倪柝聲的三元人論——兼論賓路易師母對他的影響〉，及後看了這篇論文一遍。最後發現先前引用賓路易師母的《魂與靈——聖經心理學淺釋》的觀點，原來傾向了三元論。其後修正，完全用上張牧師和李牧師等學者的觀點，再加以融合。經多次修改，十二月十三日完成修訂。二〇〇四年十一月十八日，在《時代論壇》網站的「文藝影音」刊登。翌日有古斌的〈觸感．在體．感觸〉回應這篇文章。為了趕寫不少文章，久久未能回應古斌的文章，兩個多月後，心中實在愈來愈感不安，在數天裏抽了一些時間，寫了一篇文章，略略回應古斌的文章，題為〈略略回應古斌的《觸感．在體．感觸》〉以及〈被遺忘的肉身：重尋身體的屬靈位置〉，二〇〇五年二月八日，在同一個網站內刊登。最後，二〇二一年九月十五日略略修訂。

註釋

〔註一〕參梁家麟：《信訂一生》（香港：學生福音團契，2003），頁56，註8。

〔註二〕參李耀全：《心靈輔導——心理輔導與屬靈導引的整合》（香港：建道神學院，2002），頁25、24、22、27、16、27。

〔註三〕同上，頁26、27。

〔註四〕參張慕皚：〈人性「一元」、「二元」、「三元」的探討〉，載萬爾斯：《人性的探索——基督教信仰與心理學研究》，許志超、陳秉華譯（香港：宣道，1992），頁276。

〔註五〕李耀全：《心靈輔導》，頁25～26。

〔註六〕同上，頁26。

19 中國基督教的《紅樓夢》

《紅樓夢》是一部千古不朽的文學名著；這是早已被公認的事實，不需多言。可是，有沒有出現中國基督教的《紅樓夢》？當然，這是一個借喻式的提問，而且只要稍稍對中國文學和基督教文學有所認識，這個提問的答案，十分簡單：沒有出現。對中國基督教文學而言，產生一部如同《紅樓夢》那樣偉大的小說作品，其中包含的種種問題是十分複雜和難解的。這些問題在十年、二十年或更長的年日，相信都不能一一澄清和解決，然而筆者作為基督徒小說家，而且在小說創作上更有一股雄心，對以上的提問有另一種看法。

從《紅樓夢》其中一個創作構思，可以引發另一個與之相應的創作構思。當然，《紅樓夢》在許多寫作藝術上，獲得空前的成就；每一方面都值得基督徒小說家借鑑和轉化，不過筆者在此提出的與之相應的創作構思，在某方面來看，可以成為一個「根本的出路」，不需要基督徒小說家多走一些冤枉路。這個創作的構思，源於余英時先生一篇很有見地的文章〈紅樓夢的兩個世界〉。

這篇文章的第一段，余先生開宗明義地表示曹雪芹在《紅樓夢》裏創造了兩個鮮明而對比的世界：烏托邦的世界（即理想的世界）和現實的世界。他認為這兩個世界是貫串全書的一條最主要的線索。他說：「把握到這條線索，我們就等於抓住了作者在創作企圖方面的中心意義。」大觀園就是曹雪芹虛構的一個理想世界，而作為全書總綱的第五回，當中著明的「太虛幻境」也就是大觀園，因為「大觀園不在人間，而在天上；不是現實，而是理想。」更準確一點說，「大觀園就是太虛幻境」。

曹雪芹處理這兩個世界的深刻之處，在下面的一段話中表露無遺：

> 曹雪芹雖然創造了一片理想中的淨土，但他深刻地意識到這片淨土其實並不能真正和骯髒的現實世界脫離關係。不但不能脫離關係，這兩個世界並且是永遠密切地糾纏在一起的。任何企圖把這兩個世界截然分開並對它們作個別的、孤立的了解，都無法把握到《紅樓夢》的內在完整性。

此外，余先生對這兩個世界有深刻的領會：

> 曹雪芹一方面全力創造了一個理想世界，在主觀企求上，他是想

要這個世界長駐人間。而另一方面，他又無情地寫出了一個與此對比的現實世界。而現實世界的一切力量則不斷地在摧殘這個理想的世界，直到它完全毀滅為止。《紅樓夢》的兩個世界不但是有密不可分的關係，並且這種關係是動態的，即採取一種確定的方向的。當這種動態關係發展到它的盡頭，《紅樓夢》的悲劇意識也就昇進到最高點了。

構思：

這篇文章的最後一段，意味深長，直接引發筆者那個與之相應的創作

總結地說，《紅樓夢》這部小説主要是描寫一個理想世界的興起、發展及其最後的幻滅。但這個理想世界自始就和現實世界是分不開的：大觀園的乾淨本來就建築在會芳園的骯髒基礎之上。並且在大觀園的整個發展和破敗的過程之中，它也無時不在承受著園外一切骯髒

力量的衝擊。乾淨既從骯髒而來，最後又無可奈何地要回到骯髒去。在我看來，這是《紅樓夢》的悲劇的中心意義，也是曹雪芹所見到的人間世的最大的悲劇！

在筆者而言，曹雪芹最了不起的地方，是以哲人的廣闊思維，用高度的文學手法深刻地表現出人生的最大困局。的確，人生的一切我們以為乾淨的，其實是「從骯髒而來」，「最後又無可奈何地要回到骯髒去」。儘管許多人力保人生的乾淨（現代的說法是完美或完全），無奈一切外在的東西以至人性的本身，真的「從骯髒而來」——始祖亞當和夏娃以個人的自由意志，選擇離開神，人類從此在本質上已「骯髒」了。無論人類怎樣努力改變這個現實，這個「骯髒」從來在本質上絲毫沒有改變！曹雪芹雖然不知道人性的真正本質，但是他寫出了絕少人能夠呈現的、象徵人生理想和現實的兩個世界。我們可以說，曹雪芹從來沒有企圖解決這個困局，但是他用許多不同的人物和事情，細緻地一層一層的組織起來，把人間世的最大的悲劇具體地表現出來。

在基督教的小說，我們可以表現出怎麼樣的世界？我認為是一個一而二又二而一的世界。一個人從決志相信耶穌開始，他的生命可以不斷更新；身體會日漸衰老，但內在的生命可以一天新似一天！並且他以天國為最終的歸宿，所以他存在的現實世界是一而二的。從另一方面來看，天國不是等到死後才會臨到，而是從信主的一刻便開展，又從個人至羣體，最後更達到普世性的情況；最終，當然是天國的臨到！故此，這個現實世界又是二而一的世界。其中當然包括生命和現實的種種掙扎和變化。

這個不能截然劃分的一而二又二而一的世界，是從一個「乾淨」的根源而來。這個「乾淨」就是耶穌基督。耶穌基督，獨一真神的兒子，道成肉身，有完全的神性，也有完全的人性，從來沒有犯罪。人間世的「骯髒」，只要那人與祂的生命不斷連結，「骯髒」也能真正成為「乾淨」。更精彩的地方，是其中產生「既濟未濟」的張力。這些人雖然開始成為「乾淨」，但是仍然存在或多或少的骯髒（無論是人的軟弱、老我或是再次犯罪等等）；這種已開始脱離骯髒，卻又有某程度的乾淨，在自覺或不自覺裏，都成為一股張力。簡單而言，這兩方面的拉力，互相較力，這段時間偏向一面，那段時間又偏向另一面。在我來說，這正如《紅樓夢》一樣，用任何單一的理論和思想來解說小說的內容，都不能道盡《紅樓夢》和這個創作構思的精妙。然而，這個獨一的「乾淨」，在《紅樓夢》的兩個世界中是沒有的，而在基督信仰中卻清晰可見。然而，還沒有基督徒小説家能夠深刻地了解這個獨一的「乾淨」，而且嘗試在小説中構築起來。

如果基督徒小說家能掌握這個一而二又二而一的世界，筆者相信他們會少走冤枉路。在小說上表現基督教的獨特性，當然可以作多方面的嘗試；事實上，過去已有人從事了多方面的嘗試，但是在我來看，成績並不理想。原因何在？就是找不到一個核心的創作構思。當然，筆者從來沒有忽略產生一部如同《紅樓夢》那樣偉大的小說作品，其中包含種種複雜和難解的問題。然而，當我們找到一個核心的創作構思，我們的創作才有可能達到最高的水平，從而在中國文學上有真正的貢獻！這就是筆者對那個提問的另一種看法。

總的來說，以上沒有真正回答如何產生偉大的基督教小說。然而，這些論述相信會引起一些基督徒小說家的關注，並且嘗試在創作上探索怎樣開展這個新的創作構思；這是一個滿有意思，也滿有困難的創作構思！最終，筆者十分盼望有生之年，可以看到中國基督教的《紅樓夢》！

二〇〇五年一月十八日寫成這篇文章。文章刊登於二〇〇五年三月十三日第二一一六期《基督教週報》。文章版權為《基督教週報》所有，已獲該報允許轉載。

20 當代基督徒作家，需要進深！
——評介胡燕青一次講座的大綱

從探討基督教文學創作的本質問題來看，胡燕青為一次講座所寫下的大綱，已成為重要的文論。她在二〇〇一年六月二十三日，在一次名為「文學是心靈的飛躍」的專題講座中，以「從魯益師談基督教文學創作」為題所寫下的大綱，將基督教文學創作的核心問題，一一探討並層層分析，實在十分深刻。後來，她應我要求，無私地向我分享這個大綱。近期，我一再閱讀和深思這個大綱，更肯定以上看法。從二十世紀七十年代以來，泛論基督教文學的論著，只有寥寥數本，當中差不多沒有一篇文章能及得上，這個大綱所顯示的深度和廣度。因為她眼光非常銳利，抓住了基督教文學創作在基督徒作家中，個人對上帝、對信仰和創作本質，應該如何綜合。還有，在作家王國中對基督徒作家的本質有深切的透視，再進而對基督徒作家個人生命本質的確立。最後，對基督徒作家創作本質的開展和進深，她更提出其他人很少想過的層次。限於篇幅，本文只能作重點的評介。

她一開始以略談的方式介紹魯益師（C. S. Lewis），其中就含有一個值得深思的見解。她不單稱魯益師為優秀的作家和學者，而且認為他「是偉大的基督徒作家」（在大綱上，她以斜體的文字甚至不同的顏色來標示重點，現在只用強調代之），原因何在？「他對上帝忠誠」並且「他精細思考自己的信仰」，最重要是「他把信仰生命和個人的創作藝術結合在一起」。事實上，古往今來有不少著名作家，都異口同聲地倡導對自己的絕對忠誠。的確，人需要對自己絕對忠誠，不可違背自己。對基督徒作家來說，對上帝忠誠更是重要！不過，是否每一個基督徒作家一定如同魯益師那樣「精細思考自己的信仰」？除非他的個性和學識與魯益師相近，才可完全用上，否則，在信仰上只需要對某些方面作出精細思考，並且能夠把信仰生命和個人的創作藝術結合在一起就相當足夠。以上最難得的，是她能夠提出「把信仰生命和個人的創作藝術結合在一起」這一點，實在一語中的。許多基督徒作家或學者，雖然作出許多分析，但是未能如此精要，如此深入，抓住了基督教文學創作在基督徒作家中，個人對上帝、對信仰和創作本質，應該有這樣的綜合。固然，如何在個人生命中做到，只能留待個人尋索和實踐！

正式談論魯益師「對我們這一代的基督教文字工作者有何啟發？」在「引導問題」上又看到她思考的精闢。她提出的引導問題只有三點。一是「一個基督徒作家，如何跟非基督徒作家區別開來？」；二是「他如何具備一切作家應有的條件，又同時在某種意義上被分別為聖？」；三是「如果簡單地說：他是一個文字好的、能夠精確地表達基督教信仰信息的人，那麼我們能不能稱一個出息的講員為一個作家？」第一個和第二個問題，不單是一個基督徒作家在實際創作上需要面對的情況，而且在和而不同中應該如何自處和進取。第三個問題，看似簡單，但看深一點，這問題是關乎文學創作中一個本質性的問題：精確地表達基督教信仰信息的作家，不是思辨性或邏輯性的表述，乃是呈現性或隱喻性的流露，然而這又不損基督教信仰信息的精確性。在作家王國中對基督徒作家的本質有如此深切的透視，實屬難得！

跟著她設定四個「討論範圍」，各有不少精彩的討論和分析，限於篇幅，只能評介其中兩個討論。「討論一：基督徒作家的立足點是甚麼？」第一句就逗人思考：「他是基督徒，也是文學家，但他不一定就是基督徒作家。」她提出「一個真正的基督教作家的層次至少有兩種」，第一種：

> 信基督教，有意識地用文學來呈現個人信仰概念的作家。他是一個基督徒作家，但不一定是偉大的基督徒作家。因為他仍須要有意地把

自己的寫作方向，從一般文學創作的大陣營中區別出來。寫《冰點》的三浦綾子就是這一種。

第二種：

信基督教，有意識地用文學來呈現真實生命的作家。他是一個偉大的基督徒作家，因為他的文學水平充分而自然地就成為讀者的部分。寫《罪與罰》、《卡拉馬佐夫兄弟》的杜斯妥也夫斯基，寫《安娜．卡列尼娜》和《戰爭與和平》的托爾斯泰就是這一類作家。

如果沒有深思這兩段話，讀者會覺得她的分類過於嚴格。此外，她用上「呈現個人信仰概念」和「呈現真實生命」這樣的截然劃分，是否有足夠的理由?起初，我也思考到，在兩者之間實在會存在著從第一種過渡到第二種的情況。然而，在理論上或是實際上，我們應該用上她的劃分方法，用來呈現這兩種層次的「真正基督教作家」；不要忘記，她是這樣說：「至少有兩種」。在我看來，她沒有貶低三浦綾子，而是對比起杜斯妥也夫斯基和托爾斯泰這兩位文學巨匠，她這種分類是智慧的提出。不過，我要強調，究竟一位「真正基督教作家」是屬於前者，抑或屬於後者，不是他個人的意志可以決定。神使用他，他怎樣經歷人生而又能夠得到多大的恩典和能力，不是這種客觀的分類可以斷言。然而，這樣對基督徒作家個人生命本質的確立，無疑切中肯綮，能言他人所不能言。

在「討論三：基督徒作家為何須要開展內在的默觀世界？」這個「討論範圍」，她引入一個可謂前人很少想到的論述方向。顯然，這裏與她另一篇文章〈做夢、寫詩和禱告〉（見《沉睡與清醒之間——話語傳承之美》）有些關係。這篇短文以含蓄且帶有詩意的筆調，來稍抒一些個人在潛意識和意識上的經驗。可是，這篇短文始終是散文，可以寫得抒情一點，而大綱的撰寫卻要清楚，毫不含糊。她一開始探討就羅列五大點：

一、接觸世界用感官——直接地用五官，間接地用閱讀。
二、感官構成種種的經驗和種種的回憶，閱讀構成想像的世界。
三、但是我們也忘記，所學的、所見的、所感受的資料在意識層面上流失。
四、我們大部分的貯存留在潛意識層面，不會流失。
五、我們常說要有閱歷。但是，任何人都有閱歷。能夠從真實世界和自己深層世界充分交通的人，寫作的想像力愈好、愈多。這樣再同讀者交流。

以上和其後的論述，真是含意深遠，不可多得。當基督徒作家，可以對以上所論有深切的明白並且在創作中充分做到，寫出來的作品一定不同前人。跟著她開展了兩方面的討論。首先是「開發潛意識」，其次是「痛定始思痛」。這兩方面是互有聯繫的。基督徒作家如能平衡地發展這兩方面，成果必然超越前人。可惜，過去似乎沒有人可以據個人的經歷和學養，提出這兩方面的論述。所以，胡燕青能夠如此準確地羅列，一定在個人的創作上，深有感受，而且在創作上更有寶貴的經歷，才可以準確地提出。

「開發潛意識」這部分，她說「《竭誠為主》作者章伯斯認為聖靈是在我們的潛意識層面上運作的。如果我們相信這位靈修大師的話，基督徒作家一定做到下面這數點」：首先，「聆聽聖靈的感動和讓祂開啟我們潛意識裏面的豐盛」，並且「通過默觀進入自己的過去，為自己取材。同時倚靠聖靈的帶領。」當我們不單「充分建構默觀帶來的虛構、想像世界」還「住進去一段日子」，便會形成「個人故事：『陣勢起平沙』」。

在「痛定始思痛」，她繼續談論另一個相關的方向：意識的層面。「許多教人寫作的理論都強調觀察外在世界的細節，以『獲得』更多的寫作資料。觀察是重要的，但觀察之後缺乏來自個人經驗的色彩，就是無用的。聯想力其實建基於個人的經驗。」「但是，一切資料其實不過是『原料』，是未經調整、鍛煉的。未經深入整理的觀察，我們還不能說已經擁有。」跟著她提出余光中的寫作經驗：「寫作是『痛定思痛』的過程——（一）『痛』，表示有經歷，這個痛表示原始的素材；（二）『定』，表示時間的沉澱；（三）

『思』表示面對、分析、發酵、去蕪存精；（四）『痛』，表示經過提煉了的、純粹的、可以訴諸文字而成為讀者經驗的作者經驗。」

以重點而言，以上論述潛意識和意識兩個層面，實在言前人所未言，達到精微的地步。用精神分析學的奠基者佛洛伊德（Sigmund Freud）的分析，可以從某一方面佐證以上的分析如何精微。佛氏認為「潛意識乃是真正的『精神實質』。對於它的內在性質，我們和對外在世界的真實一樣的不了解。而它經由意識和我們交往，就和我們的感覺器官對外在世界的觀察一樣的不完備。」〔註一〕雖然她的分析，沒有涉及由另一位精神分析學大師榮格（Carl Gustav Jung）所提出的集體潛意識，但是單從以上的分析已暗合佛氏所言，更罕見的是她把文學創作的深層情況，精微地提出來。從這些精微的解說，我們不禁問一問以下的問題：過去有多少基督徒作家可以有這樣深切的經歷，而且能夠形諸作品？無論如何，她對基督徒作家創作本質的開展和進深，是其他人很少想過的層次。我不能不由衷地佩服！

如果說以上的評介，已道盡基督教文學創作所有本質的問題，相信第一個反對的人就是她；但是至少當代基督徒作家，無法繞過她的分析而求得比她更深入的探索。據康來昌在一篇文章中提到，「五十年來的台灣，擁有基督徒身分的作家並不在少數」，但是這些基督徒作家，有哪一位能對台灣文壇產生持久而深遠的影響？再擴大來看，在中國文壇，又有哪一位基督徒作家對中國文壇產生持久而深遠的影響？我認為其中有一個重要的原因：這些基督徒作家，沒有如同胡燕青的分析，反省他們在創作上種種本質的情況，所以他們不能產生既持久又深遠的影響！當然，我這個判斷，沒有抹煞他們多年來的努力和貢獻。希望胡燕青能抽空，將這個大綱重新整理，寫成一篇正式的文論，向外發表，使其他基督徒作家有幸一睹當中各種精彩的討論和分析。他們定能深深得益！如果再加上這幾年間的創作體驗和生命經歷，這篇文論一定更加出色。當然，在我個人而言，這篇大綱已成為我在文學創作上的重要指引。

綜合以上所論，我只能說當代基督徒作家，需要進深！不能繼續落後於人！

二〇〇五年十一月二十九日寫成這篇文章。文章刊於二〇〇六年一月一日及八日第二一五八期及第二一五九期《基督教週報》。文章版權為《基督教週報》所有，已獲允許轉載。

註釋

〔註一〕 佛洛伊德：《夢的解析》，賴其萬、符傳孝譯（台北：志文，2002），頁576。

21 生命的追尋

「追求更美的生命」，對我而言，另有特別的意義。簡單而言，生命所指的是一個眼睛能夠看見，手能觸摸，而且可以跟你說話的人。然而，對生命有進一步認識，以上的說法是表面而已，因為一個人從出生至死亡，只有短短數十年的生命。因此，生命的不朽絕對不是指這個軀體可以活到百年或千年，甚至長生不死。所以，中國傳統常言的三不朽：立言、立功和立德，都不是指人的生命可以活得多久，乃是指人如何留下精神的光輝，使後世的人得益。我從文學和信仰的角度，再思考如何追求更美的生命，我發現另有特別的意義。

我以生命的追尋來表達這種意義。這種追尋可從個人的天資說起。從有意識開始，我漸漸知道自己並不聰明，在少年時期更近乎愚魯。第一次中學會考，我不能取得英文科的合格。第二次及第三次會考，英文科開始合格，可是其他科目只能取得中下的成績。縱然一九九二年至一九九七年，在香港公開進修學院（香港公開大學前身）修讀的過程中，能夠連續經過十三個科目的考試，最終獲得文學士學位，我只能說這是神的恩典。直至現在，我在許多地方仍然顯得愚蠢和魯莽。所以，不是神不斷施恩和保守，至少沒有現在的文筆，至於數年來對基督徒作家寫作和本質上的種種思考和探索就更不會出現。這些與生命本身的真實和價值，密切相關。簡單而言，這種追尋，是對自己的發現，對神恩典的領受，以及在文學中重現生命的真實。

我相信以文學來呈現這種追尋，是一個嚴肅的選擇。借用蘇恩佩在〈基督徒與文藝創作〉中討論密爾頓（John Milton）的話：「這是一個嚴肅的選擇，一個不為人接受的選擇。然而密爾頓憑著在神面前無虧的良心，畢竟作了這個選擇。密爾頓若選擇了教會的路，他可能會成為一個成功的牧師，他的講道可能會打動不少教友的心靈；然而他的影響是有限的，可能只限於十七世紀英國的一個教區。他若選擇了教會的路，可能沒有機會寫成他的失樂園——那名垂永世、震撼古今中外的傑作。」我不能與密爾頓相比，但是我仍有相同的選擇，且成為我在生命上的追尋！最後我希望寫出一部震撼古今中外的傑作！這些年來，沒有枯竭的現象；低沉一些，或疲倦一些是少不免的。在這個嚴肅的選擇中，我希望在文學上表達出人生的價值、方向和獨特性！

這些人生的價值、方向和獨特性，具體情況如何？美國評論家泰特（Allen Tate）指出作家在現代世界中應負的重任：「他必需為他的時代重新創造人的形象，而且必需宣揚別人可以用來驗證這個形象的標準，以分辨真偽。」以上可說是價值和方向所在。至於獨特性，以下一句並不充分但可引用：「在特定的地點與時代中重新發現人與人間精神交流的經驗。」〔註一〕因為我的信仰，深刻地向我揭示，除了人與人之間精神交流的經驗外，最重要的是，人與創造主之間生命交流的經驗！

在追尋的歷程上，有兩個重要的日子，不能不提。一九八七年三月十四日，約在下午的時候，我在一輛公共汽車上，看著《魯益師的心靈世界》。當時，我想到沒有魯益師的天才橫溢，但是決志終身以寫作來事奉神！過了十九年的歲月，神一步步的引導和開啟，有不少「領受」和「看見」。循著這些「領受」和「看見」，不斷寫成文章，有一部分還可以在一些刊物上以筆名「容靈」來發表。一九八九年三月十三日，在唐崇榮牧師一次講座後的呼召中，我決志為中國的思想和文化而努力。因此，這十多年的學習和思考，不期然對中國思想和文化有較多注意，雖然我這些注意多是從文學的角度來審視。我也意識到文學創作（我主要的心志是小說創作）在某些層面上也牽涉思想和文化，所以我較為注意這兩方面的融會。這兩個日子，一直使我紀念，也使我感恩，更使我自知不足。去年十一月的一封電郵中，我向一位素未謀面的編輯分享：「我能成為二三流的作家已是神給我極大的恩典。我的資質實在比不上香港現時所有基督徒編輯！絕大部分的寫作才能是神給我的！」這些話絕不是謙詞，完全是事實。

直至現在，這種追尋還沒有停止。在此，我從新舊約聖經對這「生命」的眾多詮釋中，選取生命是借來的、短暫的、依賴神而且由神支配的這個意思來表述這種追尋的模樣（參太四4）。首先，人不能延長靈魂的生命，也不能毀滅靈魂的生命。人可以自殺，毀掉人的肉體，卻不能毀掉人的靈魂。其次，生命的整體是由神所賜的，祂能夠收回生命，更能救贖生命，使生命復活過來。因此，生命本身既是賜予，而且是暫時借來的，人就要徹底領悟生命的主權是完全屬於神的，人只能在神的恩典中，不斷謙卑和順服；當然，完全的謙卑和順服，不會一蹴而就。因此，這種看似完全出於主動的追尋，究其根本，不是自己有多大的付出，或有多大的得益，乃是在借來的、短暫的、依賴神而且由神支配的生命中，讓神充滿和使用有多大！

將來如何？當然沒有完全確定的答案。以上的經歷已經給我不少重要的寫作方向和跟隨神的原則。所謂「領受」和「看見」，就是對當代基督徒作家在寫作技巧上，有宏觀視野的審視和建構，然後在各種創作本質上，有全面而穩固的深思和確立。對於前者，已有〈中國基督徒作家「要學」高行健？〉、〈中國基督作家對真實的追求〉以及〈中國基督教的《紅樓夢》〉；對於後者，已有〈在生命之內〉、〈當代基督徒作家，需要進深！——評介胡燕青一次講座的大綱〉以及將會寫的〈我們甚麼也沒有？〉。在未來的歲月，當然還會繼續思考和探索。至於跟隨神的原則，最重要是學習隨時願意開放自己，讓神不斷破碎和更新！再從上文所言，生命是借來的、短暫的、依賴神而且由神支配的這個意思，一個被賦予的生命，只能在奉獻中才能獲得更多的生命！這就是主耶穌在馬太福音十章三十九節所說的：「尋找生命的，要喪失生命；為我喪失生命的，要找到生命。」

（《新漢語譯本》）在文學中就是追尋這種生命的具體情況，而我所謂另有特別的意義也在其中。從此，神給我的精神光輝可以流傳後世，超越短短數十年的生命。對我來說，「追求更美的生命」就是把以上的意義活現出來。

二〇〇六年二月二十四日寫成這篇文章，三月二十五日略略修訂，刊於葵涌新生命堂在四月九日出版的《葵涌新生命堂三十週年紀念特刊》。

註釋

〔註一〕 這兩句話引自夏志清：《中國現代小說史》，劉紹銘編譯（香港：友聯，1979），頁78。

22 中國基督教文學的獨特貢獻

黎海華在二〇〇六年四月十六日第九七二期《時代論壇》的「在這片土地上」發表一篇文章，題目是〈一則傳奇〉。這篇文章使筆者進一步探討，在〈中國基督教的《紅樓夢》〉一文中那個新的創作構思。〔註一〕這個創作構思牽涉的層面，不止是〈一則傳奇〉所言，只是個人艱辛的尋索，並且提升至更高的層面，與東西方寓言文學相關。深一點來看，更與中國基督教文學在中國文學的獨特貢獻相關。

數年前神給筆者的「領受」和「看見」，仍不是很清晰的；現在已較為清晰，且與黎海華在文章中引用喬瑟夫．坎伯（Joseph Campbell）對神話的結論「所有故事都來自一個故事：人類曾經住在樂園；我們被逐出樂園；我們努力想重回樂園」這種尋索相關。在神的漫長引導，以及自己漫長的思考和寫作下，近期已能分辨這些「領受」和「看見」。這些「領受」和「看見」，就是對當代基督徒作家在寫作技巧上，有宏觀視野的審視和建構，然後在各種創作本質上，有全面而穩固的深思和確立。在前者而言，〈中國基督教的《紅樓夢》〉是其中最重要的文論；當中提及一個新的創作構思，直接地說，是一個一而二又二而一的文學世界。這個新的創作構思，與上述的尋索相關，而且與中國文學和西方文學的寓言，更有看似不可貫通的分別。為甚麼？這要從西方寓言文學的「尋索主題」（quest motif）說起。

在西方寓言文學的實踐，尤其是中世紀的《神曲》（*The Divine*

Comedy）、《仙后》（*The Faerie Queen*）和《玫瑰傳奇》（*Roman de la Rose*）三本文學巨著，它們產生的「尋索主題」，與黎海華所引用的，大致相同：「人的墮落的結果使人痛苦地認識到這個世界的短暫和過渡性質；人間生存的惟一目的就是使人時刻準備去恢復那失去的伊甸園。」〔註二〕裔錦聲對東西方寓言文學的綜合分析，實在切中肯綮：「在中國文學作品中不存在上述西方文化中的精神或道德墮落的概念，同時也不存在為之做準備和恢復失去的伊甸園的熱望。」〔註三〕她在另一處的分析，更加深刻：「……中國文化中不存在『原罪之説』和『人的墮落』（the fall of man），因此也就不存在失去的天堂，也就沒有回歸（returning）的渴望（longing），因此，一切焦點都聚於等級森嚴的現世。」〔註四〕

進一步的分析，浦安迪（Andrew H. Plaks）和裔錦聲的説法，更有意思。浦安迪認為：「按中國思想觀，所有的真實都存在於同一個平面（按西方的思想『平面』包含的內容大於兩維），寓言不是一條直線上分離的兩個階段。」裔錦聲跟著解釋：「這句話的意思即是中國寓言的另一含意是在一個三百六十度的水平上或者一個『圓』內（如大觀園中）去尋找，而不在一個垂直的直線上去尋找。中國的寓言就其本質而言是在同一平面上互補的，夢和現實、情與色，像所有其他的兩極成對概念，如動和靜、悲和歡、貴和賤一樣彼此不能獨立作為一個單獨的概念而是通過互補結合起來的一個同一概念。」〔註五〕

裔錦聲分析夢作為西方寓言的結構，與上述所言相關，而中國基督教文學在中國文學的獨特貢獻，可以由此呈現出來。她有如下的分析：「在《紅樓夢》中，夢使塵世（大觀園）和天國（太虛幻境）相輔相成，合二為一；夢連結兩個世界，主角通過夢認識夢和現實存在的統一性（totality）。正如寶玉的歸宿，根據《紅樓夢》的多種命題（其中一個為《石頭記》）可被推斷為最終是從一無才補天的頑石到刻有不朽文字（《紅樓夢》）的巨石，作者肯定的是不朽的藝術創作，而不是對另一天國的回歸。」〔註六〕我認為曹雪芹可能沒有寫出不朽藝術創作的意圖，但是他的確沒有另一天國的回歸。可是，天國完全是另一個與現實層面全無關係的歸宿？我認為兩者有一種實存的關係。正如我在〈中國基督教的《紅樓夢》〉的闡釋：「我認為是一個一而二又二而一的世界。一個人從決志相信耶穌開始，他的生命可以不斷更新；身體會日漸衰老，但內在的生命可以一天新似一天！並且他以天國為最終的歸宿，所以他存在的現實世界是一而二的。從另一方面來看，天國不是等到死後才會臨到，而是從信主的一刻便開展，又從個人至羣體，最後更達到普世性的情況；最終，當然是天國的臨到！故此，這個現實世界又是二而一的世界。其中當然包括生命和現實的種種掙扎和變化。」因此，基督教文學在中國文學的獨特貢獻，在於展現一個一而二又二而一的文學世界，在其中表達出兩者的互動。這不是「一條直線上分離的兩個階段」與「一個三百六十度的水平上或者一個『圓』內」，這樣截然不同的分別，乃是在互相顯現和互相滲透的情況下行進。

從以上所論，再看裔錦聲那本著作最後的結論，我們可以有另一種轉化。「《紅樓夢》的寓言在愛的概念和夢的結構功能上與上述西方文學巨著都不同，這證明《紅樓夢》以及中國文學作品中的寓言要在同一平面的『廣度視覺』（breadth of vision）中去尋找；而上帝之愛與原罪之說這一西方寓言的重要元素則決定了西方寓言的實質是在宗教或道德觀念上從低級移向高級，從不完美到完美，從墮落到拯救。」筆者承認東西方的寓言文學有本質上的分別，然而兩者可以有另一種形式的融合；由此轉化，成為中國基督教寓言文學的獨特形式。這就是本文開始時所說，基督教文學在中國文學的獨特貢獻。當然，還有其他層面仍需深入討論；本文限於篇幅，不能繼續討論。

綜合而言，黎海華的〈一則傳奇〉，使筆者進一步探討，在〈中國基督教的《紅樓夢》〉一文中那個新的創作構思，牽涉的層面提升至中國基督教文學在中國文學的獨特貢獻。我們朝這個方向行進和探索，我們到達的「樂園」未必如同黎海華在〈一則傳奇〉最末所言，「與我們生命的主——父、王，抱個滿懷」，然而這種生命的融合，一定更為精彩和深入。筆者十分盼望在當代基督徒作家之中，至少有一位作家蒙神恩典，有足夠的恩賜和能力，寫出這種超越東西方寓言文學的中國基督教文學，對中國文學產生獨特的貢獻！

二〇〇六年十月二十二日寫成這篇文章。這篇文章根據二〇〇六年五月十日刊載於《時代論壇》網站，四月十六日第九七二期黎海華「在這片土地上」的「發表意見」內的〈另一則傳奇〉，增刪而成。

註釋

〔註一〕此文刊於二〇〇五年三月十三日第2173期《基督教週報》。

〔註二〕引自裔錦聲：《紅樓夢：愛的寓言》（北京：北京大學出版社，2001），頁208。

〔註三〕同上，頁209。

〔註四〕同上，頁183。

〔註五〕同上，頁213。

〔註六〕同上，頁171。

23 我們甚麼也沒有？

本文的目的，除了沿用〈當代基督徒作家，需要進深！——評介胡燕青一次講座的大綱〉一文的方式（以下簡稱〈評介〉）再作一些評介，還希望進一步闡釋其中仍未深入開展的領域。當然，沒有一位作者能夠把一個題目闡釋得完全，使後人不能在他的論述上繼續進深。胡燕青在那個大綱，

「將基督教文學創作的核心問題，一一探討並層層分析，實在十分深刻」；筆者在〈評介〉中限於篇幅，有一個很有意義的重點還沒有評介。及後筆者繼續反省，不禁發現還有一個仍未深入開展的領域，有待當代基督徒作家繼續進深，以期在個人生命中有全面而穩固的深思和確立，從而加強基督徒作家生命的素質；從這種生命素質所產生的作品，一定更有深度。在下文的闡釋中，基督徒作家將會發現，我們最終真的甚麼也沒有！並且，我們需要加上一個獨特的亮光，才能更加穩健。這是使我們驚訝的事情，同時也是使我們不斷進深的事情！

在〈評介〉中提及在大綱中有四個「討論範圍」，而「討論二：基督徒作家需要甚麼寫作上的才能？」（正如〈評介〉曾提及，她以斜體的文字甚至不同的顏色來標示重點，本文仍然沿用強調代之）其中包含一個仍未深入開展的領域，但是單單看以下引錄和評介，已使人再一次感到她探討的是如何深刻。

首先，她提出三個見解，又是一針見血，道前人所未道：

第一個見解：「基督徒作家應該有一個一流作家的寫作技巧和感情。」

第二個見解：「基督徒作家要有連一流作家都沒有的視野和感情。」

第三個見解：「兩者不是互相不容的。」

她的眼光實在銳利。在其中，她首先排除基督徒作家不是只有第一個見解，或者只有第二個見解；這是銳利之見，非同凡響。因為她深切知道在文學創作上，基督徒作家應該精益求精，與其他一流作家相比而毫無愧色，所以，「基督徒作家應該有一個一流作家的寫作技巧和感情」。此外，我們應該有「連一流作家都沒有的視野和感情」。原因何在？我們是由聖靈重生的人，有神所賜的恩典和能力；這些恩典和能力完全足夠我們產生獨特的視野和感情，是其他一流作家都沒有的！她提出一個精闢的見解，使兩者協調起來：「兩者不是互相不容的」！固然多年來，在中國基督教中仍未有一位被基督徒和非基督徒也一致公認的例子；原因是複雜的，而中國基督教在中國的歷史發展，雖然說不上源遠流長，但是也有微妙和獨特的影響，在此不能詳論。無論如何，我確信未來是一個新的時代，因為從胡燕青的深切洞悉，許多前人沒有提出的基督教文學創作的核心問題，已經完全呈現。往後，只看這一代和以後的基督徒作家如何循著她的見解，發揮基督徒作家的恩典和能力！

她的「論據」是「C. S. Lewis〔魯益師〕的技巧和視野」。首先，是「C. S. Lewis 的語文」，「在英國曾經獲得『英國語文一等榮譽獎』(First Class Honours in the Honour School of English Language and Literature)」。其次，「台灣作家王文興——他是個基督徒——在一次訪問中說到戴紹曾牧師曾經送給他一本 C. S. Lewis 的書 *A Grief Observed*〔中譯：《卿卿如晤》〕。『那是我第一次接觸 C. S. Lewis 的書，一讀之下，十分欣賞，因為他的英文文體實在太好了，在現代英文中獨一無二。』」她跟著指出「語言能力的高低直接反映思維能力的優劣」，她「以《反璞歸真》、《如此基督教》、《基督教信仰正解》〔*Mere Christianity* 的三個不同譯本〕為例」。固然，「其他的基本功當然包括觀察力、學問和對文學的認識等」，因著「時間問題」，「這裏不談了——大家可以看看《拿尼亞紀事》〔*The Chronicles of Narnia*，或譯《納尼亞傳奇》七書」。「但是，有了基本功，基督徒作家應該比別的作家有更整全的裝備、能力和視野，因為他們是重生得救的基督徒，有聖靈居中作主。」

她提出兩方面的看法。一是，「基督徒作家對人性的觀察應該更有深度：一般作家也會對人性有所觀察。例如對人的自私、情欲都有充分的反映和探索，但是少能分辨這種現象的來龍去脈及出路，也無法呈示相應的自省和謙卑。」「這就是為何許多優秀的文學家都有一種責難他人的優越感。看看魯迅就是一例。如果以人文精神為絕對標準，那麼作家本身有可能滑入『我就是典範』（要不然我不會撻伐不人道者）的自義陷阱。雖然口說不會，但是作家的優越感昭然若揭。例如魯迅。」二是，「基督徒作家對靈性的呈示應該更具幅度——因為一般作家很少或根本不會審視人生『天問』（所以屈原真是聰明絕頂）的性向。」以上的分析實在值得這一代基督徒作家，一再反省，而且更要在神面前自省和謙卑，求神在自己的生命中深切地破碎和更新！

我所謂「一個仍未深入開展的領域」，是指「有聖靈居中作主」。這是怎樣的情況？從溫偉耀在〈論基督教與中國信仰中的超越體驗〉第二章第三節「有情意主體之間『對話的生命』現象學描述」，〔註一〕我們可以轉化出「有聖靈居中作主」的「生命圖象」（diagram of life）。在筆者的思考中，這種轉化有一處地方也如同溫偉耀在該書中所顯示的，我們不能完全地詳述，人怎樣與「有情意的無限他者」（the Objectival Infinite Subject）相遇，從而獲得在生命轉化中最精妙的指點和無盡的力量。然而，其中的梗概，我們還是可以略窺一點；由此，我們「有聖靈居中作主」的「生命圖象」便可展現出來。

在「有聖靈居中作主」的「生命圖象」之前，有一個先決條件必須肯定和論述。在神對人類啟示之前，人與神從來沒有生命的接觸，若不是神主動啟示自己，人類無法真正地認識祂。因此，人類離開神之後，心思可說是昏昧，對神的事根本沒有甚麼正確的認識。所以，神的啟示，是人類認識神的先決條件，同時也是基督徒作家最基本的立足點。梁家麟說得好：「上帝是光、真理是光（約一4；三19），耶穌基督是『世上的光』，是『照亮外邦人的光』（路二32；約八12，九5）。光照（*phōtizō*）即是啟示（*phaneroō*），光照預設了光源，啟示意涵一位啟示者。人信主，是因有聖靈在心中，照亮其昏暗，讓他發現真理，也發現自身的本相。」（註二）進一步來說，「上帝的光不僅照亮我們的前路，更照亮我們心中的眼睛；如前所說，過去我們看不見上帝，並非由於上帝不存在，而是由於我們的心眼瞎了，我們不能看見，也拒絕看見；如今藉著上帝啟示的靈，糾正我們的視力，我們便能看見了。」（註三）再從人生歷程來看，我們需要不斷被照亮，我們才能不斷看見，而「有聖靈居中作主」的「生命圖象」，在這個先決條件中才能得到肯定，然後成為論述的方向。

基督徒作家「有聖靈居中作主」，可以用「對話的生命」（life of dialogue）來描述。「有聖靈居中作主」同樣有兩個次序的動向（movement）：確立「離」的基礎性（primal setting at a distance）；然後是進入相互的關係之中（entering into relation）。先「離」後「合」，是「對話的生命」的本體次序

（ontological order）。套用書中引用田立克（Paul Tillich）的話，真正的聖靈居中與真正的寫作進深，是相互依賴、鼎足而立，然後才能建立真正的屬靈視景（spiritual vision）。

「離」，主要確認自己與神的獨特性和差異性。在自我主體（self as agent）與「有情意的無限他者」進入有情意的相遇之前，要確認三個肯定。首先，在價值意義上，確立神的獨特性（uniqueness）以及在其自己的價值（value in oneself）。神的獨特性，固然不言而喻，可是我們往往以自己對神的了解，滿以為神就會這樣帶領，其實許多時候只是滿足自己的慾望。事實上，說到神的自身的價值，當然不是一件有利用價值的工具（usefulness）；相反，在相遇中祂更要求我們的生命交在祂的手中，並且讓祂進入我們的生命，使我們漸漸不再為自己，只為祂。因此，祂既不能任意取代，也不能複製，並且超越個人的想像和感受，甚至祂要我們，將個人的意志到內在的一切都讓祂充滿。因此，我們要預備與神的相遇，會產生真實的又不明所以的阻礙性（resistibility）。這樣，我們一定會受挫折，並由此帶來自我的新認識（self-understanding）和自我轉化（self-transformation）的可能性；在其中，神愈來愈充滿我們，我們也不斷進入生命更高的層次和寫作的深度。

其次，在存在意義上，確認對方的主體性（subjectivity, personal centredness）和主動性（intention to reveal or to conceal）。既然神是「有情意的無限他者」，我們與神相遇，絕對地帶有一種不可預料性（unexpectedness, surprise），而且會發生不同程度的意志的衝突（clash of wills, confrontation）。這些情況帶來的結果，是不可確定的（indeterminate），有多向、多元的可能性，而非單一方向的目的性（teleological）。較正面的，例如常常禱告仰望神，甚至謙卑自己跪下來禱告，或是負面的，例如與神有爭議、逃避和放棄等等。

最後，在真理意義上，確認自我的不足性（inadequacy）。當我們與一位「有情意的無限他者」相遇，我們必然預備受挫、面對意料不到的驚訝和接受不能預測的自我生命的轉化。在這一切的背後，是一種承認自己對神是有不足的信念，藉此確實相信，也全心全意認定神的作為奇妙和不可完全預測。最奇妙的是，透過神與我們相遇，不單帶來生命的修正和轉化，甚至他人在我們的作品中也可得到特別的啟悟。這種自我不足性，以及需要神的信念，我們借用布伯（Martin Buber）的意念，稱之為「順服的安全感」（obedient security），是一種「神性的確定」（holy determine），是與神的「對話」（dialogue）之所以成為真實的基礎。

「合」，是與神真正的相遇。在這種相遇上，是有其形而上學的。借用許茨（Alfred Schütz）的現象學描述：我必須向自己構想出，那與我的意識流並進入神的意識是怎樣的一幅圖象，才能把握神主體意識所要表達的奇妙。透過這幅圖象，我們嘗試去詮釋和構想神所以要選取的那些生命的隱喻（metaphor of life）。這時候，神和我們可以相互地經歷這同時的、共同一起成長的時刻（growing older together for a time）。由此，我們可以在神的臨在中，一起存在於對方的主體意義情境（subjective contexts of meaning）之中。固然，神的無限和全知，不須我們甚麼主體意義情境，但是神願意在我們的生命中投入形成一個存在於對方的主體意義情境之中，目的是使我們的生命更獨特和豐富。

在形而上學的描述後，我們進一步剖析相遇的經驗結構。這種獨特的經驗結構，可以劃分為「呼喚」（call）與「回應」（response）兩個互動的階段。從與神真實的相遇而來的「呼喚」，是相互意向交錯（co-intending）的結果，最後是生命的順服並且不斷感受生命的擴大和卑微。此外，這「呼喚」是連帶著「期望」（expectation）的，而這「期望」是源於雙方相互的了解（genuine mutuality of understanding）的意向，其中產生具體的內容（concrete and particular content），與生命各個層面密切相關。在神而言，「呼喚」是針對我們的本質和人生的際遇，最終目的是令我們的生命更豐盛；在我們來說，「呼喚」是從意志及生命的深層而出，最終目的是令神的旨意更具體。對於「有情意的無限他者」的「呼喚」，我們的「回應」有不同形式。理解（interpretation）、誤解（disagreement）、否定（resistance）、澄清（explication）或是依從（compliance）、逃避、抗拒、絕望等等。許多時候，上述所列的「回應」不是順序地發生，也可顛倒甚至循環地發生；有時候，只出現其中一部分的「回應」。不過，肯定的是，如果我們願意回應，與神相遇就必然帶著一種獨特的臨格性（particular presentness）；無論我們的「回應」是哪一種形式，在過程中必定帶來自我主體的轉化經驗——從自我反省（self-reflection），有新的自我認識（self-understanding），從而也帶來自我轉化（self-transformation）。其後，再經過轉化和沉澱，最終在作品中呈現獨特的屬靈視景。這樣的作品肯定超越過去的作品。

總結以上的論述，「有聖靈居中作主」的「生命圖象」，逐步經歷「離」和「合」中各種進程和改變，最終使我們獲得自我身分的確認（personal identity）。一方面，人不能純粹透過自己去定義自己；另一方面，在寫作進深上，人也不能只求自己在生命上如何發揮想像力和創造力。因為自我的成現（emergence of self），是自我主體在相遇關係中沉澱出來的，而「有聖靈居中作主」的「生命圖象」更會向外擴展，感染他人。當中更奇妙的是那獨特的、不能被取代的「我」，必須在與世界、與周遭的人、與神的相遇中才被確認出來。從此，個人在周遭的世界，漸漸有一無所有的絕對謙卑心態。由於自覺在神的偉大和奧妙面前只能算為一無所有，所以自己再沒有任何條件和權利，去造成任何優越感來批判他人。反之，是體諒和包容，並且願意對方也能一同感到自己的所有：自己的所有，只是神的臨在。這是最寶貴、最需要向人分享的！最後，在寫作的進程中，我們也沒有任何條件或堅持，一定寫成怎樣的作品！

當我們漸漸達到以上的生命，我們將會發現，我們真的甚麼也沒有！不過，我們若沒有馬丁路德所說的「同時是蒙恩的人又是罪人」這個獨特的亮光，實在缺乏最穩健的基礎。正如梁家麟的分析：「要是我們不應犯罪，卻又不能免於犯罪，我們始終會做一些不該做的事，終究未能擺脫作為罪人的境地，不能免於『我是個罪人』的招供。無疑我們在道德行為上有若干進步，但這無改我們的人性結構，不會使我們擺脫如馬丁路德所說的『同時是蒙恩的人又是罪人』（*simul iustus et peccator*）的描述。基督徒是蒙恩的罪人，蒙恩是真實的，罪人卻還是罪人。」〔註四〕「罪惡愈多，恩典愈多；恩典愈多，罪惡亦愈顯多（羅五20）。愈是經驗上帝的恩典，愈能體會自己是罪人，我們『同時是蒙恩的人又是罪人』。」〔註五〕縱然我們有了上述的經歷，還要加上這個亮光的引導，「有聖靈居中作主」才能更加穩健。將上述一切結合起來，的確，我們真的甚麼也沒有！一切都是從神而來。這是使我們驚訝的事情，同時也是使我們不斷進深的事情！惟有我們在這樣的生命中，寫作才可以不斷進深，也才能完成神在我們的寫作上要達成的真正影響！

二〇〇六年十二月二十五日寫成這篇文章。最後，二〇二一年十月二十八日略略修訂。

註釋

〔註一〕溫偉耀：〈論基督教與中國信仰中的超越體驗〉，載林榮洪、溫偉耀：《基督教與中國文化的相遇》（香港：香港中文大學崇基學院，2001），頁178～188。

〔註二〕參梁家麟：《追求成長》（香港：香港基督徒學生福音團契，2005），頁138。

〔註三〕同上，頁138～139，強調為原文所加。

〔註四〕同上，頁86～87。

〔註五〕同上，頁93。

24 正式開展中國基督教文學

一 正式開展的原因 一

數年來，我看到不少基督徒作家已開始著文立說，深入思考中國基督教文學；從這現象看來，中國基督教文學應該是正式開展的時候。長久被一般基督徒忽略的中國基督教文學，有這些新的現象，我相信不是物極必反，而是這個議題的核心，已經被不少有心人層層探究，剝掉了許多表面的問題，開始進到問題的核心。因為這些文論的思考重點，與三四十年前同類的文論相比，不但有明顯的不同，而且進入的領域更是問題的核心。近期吳美筠的〈從懺悔文學到神聖書寫〉，〔註一〕從一些層面入手，深入探討這個仍然受到漠視的議題。其中有些地方，值得進一步探討。另一些地方，可以略作補充。此外，有些地方需要商榷，並且由此進入另一些核心的議題。我在另一篇文論對其中的核心問題，有一個較完備的分析，可供其他有心人繼續探討和實踐，最後略略介紹作為本文的總結。

一　文化與信仰的相合和相融　一

在漢語語境中的基督教文學是否真的令人茫無頭緒？在我看來，前人的確付出不少努力，無論是不斷思考或寫下文章，最後亦鼓勵和推動一小撮的基督徒作家，寫下了為數不多的作品。原因不是茫無頭緒，而是找不到文化與信仰能夠相合和相融的地方。我不否認「中國根本缺乏宗教的文化根基」，而所謂「基督教信仰的文化源頭」也有相同的情況。然而真正的問題是，在這些缺乏之中，我們需要真正地進入中國的文化與自己的信仰源頭，找到兩者可以相合和相融的核心部分，再加上個人從神所領受的恩賜，各自發揮自己所「看見」的核心，在和而不同的激盪下，深具特色的中國基督教文學就可應運而生，最終形成中國基督宗教的文化根基。因為，經歷數十年的斷續探討，許多探討的方向和實踐的途徑已經證實，不能從那些方向和途徑把源自西方的基督信仰，在中國本土的文化中植下深根。因此需要進一步探討的是，我們各人如何發揮自己「看見」的核心？然後又如何在和而不同的激盪下，產生深具特色的中國基督教文學？這些情況，實在有待將來繼續探討和實踐。

一 文學的本質與基督教文學的根源 一

另一個情況，也值得關注。文學的真正本質是甚麼？這一點文中有另一些觀點與此相關。吳美筠提到文學是「屬於想像話語」和「超功利的」。無論是過去還是現在，仍然有不少基督徒沒有認識這些真正的本質。當然文學的真正本質，不能以「屬於想像話語」和「超功利的」概括，還有較後作者提出的「承載想像」和「創造特質」這些觀點。然而，還有一個重要的特質，需要論述一下。傑出或是偉大的文學作品，自然地產生一個奇妙的精神世界，讓人馳騁和探索。這個文學性的精神世界，是否與聖經相合，無疑是其中一個批評高下的標準。我認為這個重要的特質是所有基督徒作家，不能忽視的、文學的另一個真正本質。

這篇文章曾討論聖經是基督教文學的根源，算是近年另一篇正式提出這個核心問題的文章。文中說到「甚少注意聖經的文學性」，是指「有利地成為文學的養分」。聖經與文學重新聯合，基督徒作家一定在這方面做得好，使信仰的話語方式與文學不再分家，並且反過來豐富信仰的話語方式，從而產生深厚的文化環境。事實上，這種正視和努力，對中國基督教的發展有積極的作用，只是過去總沒有人看到，跟著積極地實踐。因此，如何吸收聖經的文學養分，就成為每一位基督徒作家不可避免的挑戰。問題很簡單，我們不能把那些以文學角度從經文中闡釋出來的文學技巧（現在不少釋經書就是以這種方式來探討經文的意思），照搬出來便可吸收其中的文學養分。如何轉化，確實不容易。我有一個看法：能夠出色地轉化聖經的文學養分，是間接地印證神賜給這位基督徒作家的恩賜和能力。

一　文學家與文學的基督性　一

最少受到討論，的確是華人基督徒怎樣看基督教文學家。文中的用語更牽涉另一個層面。「到底華人基督徒心目中怎樣看基督教文學家，這是鮮有人探討的，至於對基督徒作家的期望，不外是讓他們在其文字找到福音的信息，而非基督教之於整體中國文學的意義。」究竟華人基督徒應該怎樣看基督教文學家？較為中肯的看法，基督教文學家是專門從事文學的研究，尤其是對於中國基督教文學作品的闡釋較有修養。我們不能看基督教文學家為異類，他們只是釋經學者和神學家以外，較少人提及的專業人士而已。對於基督徒作家的期望，如果只是「讓他們在其文字找到福音的信息」，這實在太簡單了。因為福音的信息固然不能完全沒有，不過也不是每一篇作品一定包含這個元素，才是基督教文學作品。但是不包含其他相關的聖經真理，一定會顯出貧乏的素質，同時也不能有較出色的文學作品。看深一點，吳美筠提得不錯，對「基督徒作家的期望」應該進一步注意「基督教之於整體中國文學的意義」。我認為這個核心議題值得關注，正如我在兩年多前的〈中國基督教的《紅樓夢》〉，〔註二〕已經關注這個層面，並且近年更進一步討論，中國基督教文學對中國文學有何獨特貢獻。〔註三〕但是必須小心，如果要了解得實在而有意義，不是泛泛而論，一定有這方面修養和恩賜的基督教文學家，才可以做到，看見樹木又看見樹林。當然，在某程度上一般基督徒也可以關注這個核心議題，只是整體的環境仍然不利中國基督教文化的形成；這方面的關注，不可寄予厚望，除非整體的環境有實質的改變。

有一個觀點，值得商榷。吳美筠提到「中國文學的基督性」。她認為Christianity of Chinese Literature 譯成中文，往往是「中國文學的基督教色彩」或「中國文學的基督教信仰特質」，「二者都過於側重文學中的基督特質、特色或指涉」。因此她「只好譯作中國文學的基督性這個比較歐化的詞組，使基督教的內蘊在中國文學上有其未可知的發展空間，也包含可開拓的無限可能性。」這是過去基督徒作家從未提出的觀點。我要指出，在某一種情況下，因應當時的時代和文學發展，採用一個有獨特含意的詞組來表述一個文學發展中的特殊情況，過去的文學史是有例可援的。然而，是否採用「中國文學的基督教色彩」或「中國文學的基督教信仰特質」就不能表達「使基督教的內蘊在中國文學上有其未可知的發展空間，也包含可開拓的無限可能性」？我不否認「基督性」具有基督信仰獨一無二的本質，但是這一詞組又能足以表述所謂「未可知的發展空間」和「可開拓的無限可能性」嗎？我在〈中國基督教的《紅樓夢》〉中曾討論一個新的創作構思；這個創作構思明顯就不能以「基督性」一詞作概括。事實上，「中國文學的基督教色彩」和「中國文學的基督教信仰特質」這兩個詞組，只能概括地指出一些意義，至於具體的表述，只能從各種作品中加以分析和探討，使其中的發展空間和可能性，以某些代表性的詞組再作綜合和歸納。我認為以上的方向較具實踐性，無需再刻意提出「中國文學的基督性」這個實在「比較歐化的詞組」。因此，繼續沿用「中國文學的基督教色彩」和「中國文學的基督教信仰特質」，或是我們過去一直沿用的「中國基督教文學」，仍是可行的。

二 「有聖靈居中作主」的「生命圖象」

對於「神性書寫」，不但需要商榷，而且由此進入另一個核心的議題。

當吳美筠提到北村在湯清文藝獎的獲獎詞裏申述他得獎作品的寫作經驗

時，說到「使人羨慕渴求的，是在聖靈引導下寫作的先驗性。」及後她分析，「若是神性（Divinity），其意則更廣，是指有一種像神的素質的特性。至少神聖書寫一定並非寫作時很 holy 的精神境況、或作品神聖無誤。若謂作品追求屬神的特質，則我更傾向理解為在神的探討和召喚下書寫。那麼說來，神聖/性書寫不是甚麼創作理論或技法，只是一種創作狀況（甚或不能算是態度），而這種狀況是神的恩待和揀選。」數年前胡燕青在一次講座中提到「有聖靈居中作主」，然而胡燕青沒有進一步論述這個核心的議題。無論是北村、吳美筠或胡燕青，都沒有精簡地探討聖靈在「神性書寫」、「神的恩待和揀選」或是「有聖靈居中作主」的情況。我在〈我們甚麼也沒有？〉一文曾精簡地探討這個核心議題（此文還未刊登）。從溫偉耀在〈論基督教與中國信仰中的超越體驗〉第二章第三節「有情意主體之間『對話的生命』現象學描述」，〔註四〕我轉化出「有聖靈居中作主」的「生命圖象」（diagram of life），在此不能詳細引述。我要指出，基督徒作家有這種「生命圖象」，他就不會出現吳美筠所言，「沒有明明把神的道說穿的作家，也不一定沒有類似的書寫，或許他羞於啟齒，或許怕過分表彰恐防張開了驕傲的破口。」

─兩個核心─

文中討論《我和上帝有個約》，進不到核心，當然也進不到另一個核心。《我和上帝有個約》主角陳步森在小說中段前已沒有用「藉口」來「圓說自己」犯罪的「正確」，但是「後來卻在得到饒恕後更有力量接受犯罪的後果」，是領受福音，還是倚靠自己？北村固然不同於「傳教式的道理」那樣把福音直接表述出來，可是北村真的「把福音照明卻不屑稍加註腳」嗎？整本《我和上帝有個約》，北村沒有直接顯示福音的真理，我認為原因在於中國出版書籍，縱然是小說也不能明正言順地宣講福音。然而，至少蘇雲起這個人物和他的輔導站所表現出的特別，實在使基督徒不能沒有疑團：究竟他（們）所說的各種道理是否真實而且帶給人幫助？還是相反，是虛假的，並且穿上基督信仰的外衣？最為特別的是「二十六、罪犯成了作家」這一章，有些地方完全是以某種獨特的方式解說福音（頁155）。在小說裏直到中間才正式提出「上帝」一詞（頁143；頁79有「上帝」一詞，只是間接地提到），而福音中「不是靠行為」乃是「靠相信」，還有「認了你的罪，也悔改了你的罪」，其中也需要「接受愛」，只能在小說結束之前才可完全出現。但是耶穌的降生、受苦、受死和復活以及由此帶給人的新生命，在小說中都不能以文學的手法一一呈現出來。所以，主角陳步森最後有力量接受犯罪的後果，究竟與福音有多大關係，最值得我們探討（在「四十六、軟弱者更有力」這一章，「蘇雲起說，陳步森比我破碎得徹底，而我還太堅硬」）。此外，吳美筠也說到「從敍事觀點來看，作者不但用了上帝的視覺（第三身）敍述，更處處以上帝的凝視而非大眾的凝視下敍事，敍述者充滿憐憫的目光，彷彿並非別人，而是關心每個人物的心靈是否得釋放而非有何行動的上帝。」如果較為仔細閱讀這本小說，有些地方的確如此，然而有不少地方只是直接表明人物的生命和其中的矛盾；這是與他在小說中整體的敍事技巧密切相關。所以，我們至少可以說北村不是完全用上帝的視覺（第三身）敘述，「關心每個人物的心靈是否得釋放」。

進不到另一個核心，是指「挑戰基督徒以至普羅讀者的地方」。從「心靈的鬱悶」而言，「小說最能挑戰基督徒以至普羅讀者的地方」，是以獨特的敘事技巧呈現罪、罪責、饒恕（包括自己和他人）、悔改、接納自己（也包括他人）和伸張公義等等，在各種不同情況下的張力。這一切在每個人物中有真實的和有道理的，可是同時也包含虛假的甚或不自知的。所以最核心的問題，是北村未能以聖經啟示下神說話的特質〔註五〕及由福音顯出罪的各種真理，〔註六〕藉此顯示罪、罪責、饒恕（包括自己和他人）、悔改、接納自己（也包括他人）和伸張公義等等，達不到更高的層次。雖然如此，仍不可忽視以下的情況：他從獨特的敘事技巧所呈現的主題和深度，在當代基督教小說史中有其定位和貢獻，只是在此不能旁及。讀者可參下半年筆者發表的〈三言《我和上帝有個約》〉：〈一言：《我和上帝有個約》的主題與深度〉；〈二言：《我和上帝有個約》的敘事技巧〉；〈三言：《我和上帝有個約》在當代基督教小說史上的定位與貢獻〉。

懺悔維度的再釋

跟著吳美筠提到懺悔維度，實在擊中要害，只是她的分析也是進不到核心。她說：「劉再復討論中國文學缺乏懺悔維度時，曾引用了《紅樓夢》。賈寶玉的懺情和悔悟使他皈於佛門。其實對一切情欲否定並不能為他帶來釋放，但北村的作品不同，他使人物在懺悔中說出真相，真正的社會和諧和寬恕的盼望來自揭開面紗，也不只是向神揭開。」我猜想，她曾閱讀劉再復和林崗合著的《罪與文學——關於文學懺悔意識與靈魂維度的考察》，才可提出懺悔維度；可是她忽略了〈《紅樓夢》與「共犯結構」〉這一章對《紅樓夢》的悲劇與「共犯結構」、懺悔者的性格與心靈、還淚的隱喻及偉大的懺悔錄等等的闡釋，實在不能以吳美筠這個簡單的說明，便忽略這本偉大小說所隱含的獨特懺悔維度。因為我們不能以「賈寶玉的懺情和悔悟使他皈於佛門」的結果，而說「其實對一切情欲否定並不能為他帶來釋放」。賈寶玉整個獨特的懺悔過程，也甚為重要。劉再復和林崗在這部合著，還有一章〈文學與靈魂的自救〉曾討論高行健在作品中的「自救意識」，其中包括逃亡與自我的拯救、個人化的立場與禪者的慧悟、回歸脆弱的個人、上帝缺席之後的自疑與自我拷問。當我們深入探討懺悔維度，至少對我而言，不能不以文學作品來「回應」《紅樓夢》的「共犯結構」和高行健的「自救意識」。還有一點，她說「北村的作品不同，他使人物在懺悔中說出真相，真正的社會和諧和寬恕的盼望來自揭開面紗，也不只是向神揭開。」我認為敢於向神揭開面紗是先決條件；有了這個條件，然後「真正的社會和諧和寬恕的盼望」，才可完全地實踐出來，否則其果效一定大減，甚至不真實和帶有虛假的成分。我基本上同意她跟著的分析：「只是，人物罪性往往依靠人物的罪行來呈現，若論懺悔維度則只算是個開始，因它還未能逼視在沒有犯罪者（平凡一如你我）內裏的罪性。也許懺悔只是中國文學的基督性的開始而已。」不過，按聖經的啟示，每一個人都犯了罪，而不是「沒有犯罪者」。因此，從這方面而言，北村有意以嚴重的犯罪者作為對照，甚至隱喻其他看來好像沒有犯罪的人，其實也是罪人，而不是單單以「人物罪性往往依靠人物的罪行來呈現」。總結起來，她對懺悔維度的分析實在擊中要害，可惜就是進不到核心。

─總結─

從這篇文章最後的一段文字，我們可以總結以上一些核心的議題，並且略略介紹另一篇文章。我相信每一位基督徒作家，都有他的位置和方向。吳美筠在這一段文字中，正表現她對自己的了解，雖然還沒有清晰的方向：「在這廿一世紀之初，作為基督徒知識型作家，到底我可以做甚麼，到底我缺乏甚麼，虧欠了甚麼？在末後的日子，這是我不斷禱告、深思和省察的要事。」對自己有深切的了解才能明白神對自己的旨意；縱然在未來的路向上需要尋覓，她有「不斷禱告、深思和省察」，至少一定較為容易。我認同「文學是管子，是心靈的載體，是人類靈魂的呈現」，但是跟著提及的「通過聖靈書寫作品」、「依靠聖靈」及「中國文學裏的基督性」也相當重要。

上文我已扼要地探討了其中或相關的含意。我們需要「深深正視和探討神所愛的」中國基督教文學，不再繼續繞圈子，並且正式開展中國基督教文學。本文一開始提及，「我在另一篇文論對其中的核心問題，有一個較完備的分析，可供其他有心人繼續探討和實踐，最後略略介紹作為一個總結。」這篇文論題目是〈綜論中國基督教文學的創建〉，文中分別探討「文學土壤的貧瘠與解決之道」、「改變文學土壤貧瘠的探索」、「取材的困難」、「取捨與超越」等四個層面的問題。如果我們不正確地面對以上四個層面的問題，中國基督教文學就不能正式開展。我的探討容或不能完全解決那些問題，但是我相信此文是一個較完備的分析，並且可供其他有心人繼續探討和實踐。願意本文對吳美筠〈從懺悔文學到神聖書寫〉的種種分析，成為這方面的印證。

這篇文章在二〇〇七年七月二十一日作出最後的修訂。八月十四日，在《時代論壇》網站的「文藝影音」刊登。最後，二〇二一年十月二十八日略略修訂。

註釋

〔註一〕吳美筠：〈從懺悔文學到神聖書寫〉，《時代論壇》第 1025 期，2007 年 4 月 22 日。

〔註二〕請參閱二〇〇五年三月十三日第 2116 期的《基督教週報》。

〔註三〕見未刊稿〈中國基督教文學的獨特貢獻〉。

〔註四〕溫偉耀：〈論基督教與中國信仰中的超越體驗〉，載林榮洪、溫偉耀：《基督教與中國文化的相遇》（香港：香港中文大學崇基學院，2001），頁 178 ~ 188。

〔註五〕參溫偉耀：《基督教與中國的現代化：超越經驗與神性的尋索》（香港：基督教卓越使團，2001），頁 139 ~ 141。

〔註六〕詳參貝爾考韋爾：《罪》，劉宗坤、朱東華、黃應全譯（香港：漢語基督教文化研究所，2006）。

第二輯

領受與看見

25 綜論中國基督教文學的創建

一 引言 一

去年十一月二十六日，邢福增在第一〇〇四期《時代論壇》的「眾議園」發表〈墮落世界中的神聖寫作——中國大陸基督徒作家北村〉（下文簡稱

〈神聖寫作〉），不難發現文章的目的，主要不在於中國基督教文學創建的問題。然而這種建構的提出更令筆者注意。文中以如下的文字作為總結：「中國基督教文學的創建課題，展現了信仰能否與社會文化，以至時代心靈對話的可能。在關注基督教在當前中國社會發展的現況與前景時，我們也得把目光轉到基督教文學這個長久被忽視的領域去，從而拓寬我們的視野，深化我們的思考。」這個長久被忽視的領域，不能只有北村的努力和成果就可創建；這是顯而易見的事實，不需多費筆墨。本文不以北村的文學見解和文學作品來探討中國當代基督教文學創建的問題，雖然他的努力不容忽視。如下先作立論，然後精簡地論述四個在這個課題下必然面對的層面。對綜論中國基督教文學的創建，有一個全面性的開展；當代的參與者或是未來的繼承者，在這些可行的方向下，都可繼續依循和探討，最終確立中國基督教文學創建的大藍圖。在這一點上，可能包含不少變數，其他人也會提出反對的意見。

一立論一

多年來，談論中國基督教文學創建的文章實在不多，而成果不顯，影響也不大。至少有以下兩個原因。第一個原因：這個題目牽涉的範圍甚廣，究竟從哪一方面入手，才能真正對這個題目有所創建，不是人云亦云，或是老調重彈？另一原因：論者是否親身參與並有所創作，而且對這方面是否有不斷的思考和實踐？談論起來才不會只有觀念或理論，毫無實質的成果。有建樹的著作，無論以專文或是專書表之，不單使人眼界拓寬而且對於隱藏於題目內的困難，總是在釐清後給人繼續下去的方向。從以上的觀點和方向而言，〈神聖寫作〉實在沒有真正面對這些原因，更沒有達成有建樹著作的效果。相反，去年九月的《舉目》有兩篇文章，分別是莫非的〈重拾彩虹盡頭的金鑰匙——基督教文學初探〉（下文簡稱〈文學初探〉）與施瑋的〈擴大我們的帳幕〉（下文簡稱〈擴大〉），真正地討論一些相關的問題。本文主要以這兩篇文章為骨幹，同時也引述他人與自己的文章，嘗試以四個層面綜論中國基督教文學創建的問題。許多前輩和作家，數十年來斷續地探討中國基督教文學創建的問題，筆者相信現在正是進入更深層的開始，從而確立一個穩建的基礎，成為後來者的踏腳石，繼續開疆拓土，照耀中國文壇。

一 文學土壤的貧瘠與解決之道 一

第一個層面需要我們正視：中國基督教文學土壤的貧瘠。〈文學初探〉一開始，就討論「基督教文學現象」：「隨意走進一家基督教書房，便可為現代基督教文學現象把個脈。成排成排的書籍是解經、神學、教會歷史、牧會指導和家庭輔導之類。文學書籍呢？也有，不過常被擺在邊陲不顯眼的地方，且只有少少幾本，算是基督教各類出版品的一點平衡。」事實上，這是最表面的發現，在背後包含許多問題和歷史背景。

第一個問題是信徒往往偏重理性認識和思考。在〈文學初探〉較後部分，即有這樣的描述：「說實在，文字事奉在中國也推廣多年了，也許我們應捫心自問：是否基督教書寫，只能停留在工具性的文字水準？『基督教出版』為何常予人第二流的印象？難道關於上帝和信仰的寫作，不應用第一流最精煉、最優美的文字來呈現？」作為參與者，我們不會反對「關於上帝和信仰的寫作」應該用第一流最精煉、最優美的文字來呈現。當然，有志於這方面寫作的人是否具有這種能力，是一個問題。然而最重要是以「最精煉、最優美文字來呈現」，關於滿有公義和慈愛的上帝以及充滿奇妙的信仰！這不是現在幾乎完全偏重理性認識和思考的書籍，可以代替的。當然，這方面也是重要的，只是因較為偏重以至失去平衡，結果就不理想．許多時候，信仰書籍給人的印象是根本不需提及人的感性，因為感性毫不重要。在以上的情況，感性是相對性的重要；原因是簡單的，並不深奧。也許，如下的表達最為簡單和直接。人的理性和感性，原是互相配合，也互相補充；理性確立信念和知識的方向，而感性在其中扮演補充動力和長久支持的角色。感性使生命頓然生色，也使人與人產生感情，可是有時候感性也會流於憂傷和迷失，甚至擾亂人的行為和態度。理性在此，有導航和調節的作用，不使感性過於泛濫，毫無節制。

第二個問題則要把時間追溯半個世紀，才可把問題顯明出來。追本溯源，大概來說，近半個世紀以來，信徒羣體仍然有意或無意之間存在一些不好的觀念。「中國基督教文學的荒涼，主要原因是觀念的問題：主要是由於一般教會——尤其是正統信仰的教會——對文學、藝術所存的歪曲和偏狹的觀念。」〔註一〕為何如此？「過去幾百年裏，我們可看到信仰從西方文學和藝術裏漸漸撤退，這對文化是一大損失。後來承繼信仰的中國，則接收了西方基督教信仰思辨和講道的精神，基督教文學因而一直像個營養不良、長不大的孩子。生當然還是要生，但沒有營養和成長環境來培育，所以多少年來都發育不良。」（〈文學初探〉）這個源頭可追溯至中世紀改教的時代；本文不會詳細探討。只要把下面的文字倒過來思考，可以明白箇中道理：

……在我們生命中有多少部分是屬於主基督？祂只對我們稱為宗教或屬靈的部分有興趣嗎？抑或祂乃是關乎我們生命的每一部分——身體、靈魂、意念、靈性？從我們創作甚麼樣的藝術，便可以清楚箇中答案。〔註二〕

我們的創作，如果只是偏重理性，解說真理——這個方向是對的，但是單單解說真理而且可以實踐出來就足夠嗎？——忽略感性，上文所言的藝術，定然蒼白，毫無感染力。對於本文著重的文學創建，情況更是顯而易見。當然，我們是全人屬於主基督，而祂關注的也是我們的全人。因此，理性不可忽略，感性也要正視。現在華人教會，需要加強教導，著實推動文學創作和評論。

我們進一步申論，文學創作對中國教會整體發展，有其重要性。以上的論述，似乎只關乎中國教會某一方面的問題，並不與中國教會整體發展相關。事實上，並不如此。簡單一點說，基督信仰不只是擁有一套理念的宗教，乃是完全關乎生命的宗教。這樣，生命在文學中呈現和深化，從中國文學源遠流長的發展，是自然不過之事。可是從更正教來華傳教以來，中國教會繼承種種不同的教導以及受到自身的文化氛圍影響，幾乎完全忽略這方面的發展。幸好，多年來，仍有小部分信徒與不多的基督徒作家，在某些層面因著個人的領受，或斷或續地創作，使文學創作的命脈，縱然微弱也能勉強支撐下去。如果我們不只是以理性認識和研究這個本質上屬於生命層次的宗教，同時在文學上（當然也包括其他藝術創作）留下寶貴的呈現和探索，中國教會必然更健康，更有滲透力，在中華民族各個層面上，更具影響力；中國人信奉基督信仰，也必然更多！可以說，文學創作對中國教會整體發展，真的有其重要性。

首先，我們需要從觀念上開始改變。首先，我們不曾全力正視文學創作對中國教會整體發展的重要性。這種全力的正視，容易矯枉過正，稍有不慎便會有過火的表現。以下是一個較中庸、較易實行也較具效果的方法。冰封三呎，非一日之寒；破冰較容易，驅寒則從整體環境來著手。

要改變環境，始終從個人開始，個人的觀念不改變，已經不能談下去！開始改變，事實上也不僅是個人的問題，而且需要向周遭的人發揮影響力。一個又一個人受到影響，漸漸地才可擴展到環境，環境最後也漸漸被改變！這種影響力，定然包含個人的意志和毅力，在其中也有一定程度的個人看法；這些是缺少不了的。當環境一點點地改變了，愈來愈多人閱讀文學作品，出版社的困局也能扭轉過來——不像現在出版文學書籍，多是虧本，需要靠其他賺錢的書籍補貼。正如以上曾提及需要加強教導弟兄姊妹，著實推動文學創作和評論。這些教導、推動和評論，需要不同的人材和資源。所謂教導，不是一般性在教會或課程上的教導，而是在個人方面，對文學創作有全面的認識，更重要是有個人的創作經驗（作品的水準至少與著名作家相若），在教導方面也有這方面的恩賜才行。推動方面，不只是在組織上有一定規模，對於推動的策略也需要因應地區和氣候，曉得循序漸進，最後可以聚集不同地區的基督徒作家，從而深層地推動文學創作。至於評論，不能只是現代的一般性評論；他們更需要負起文學創作方向的發掘以及怎樣造成更廣泛的影響之責任。最後，資源從何而來？當然有足夠的財力，才可著實推動以上各種途徑。這些途徑經過多年實踐和吸收經驗，才可達到全力正視文學創作對中國教會整體發展的重要性，並且產生效果而不流於空談。

以上從切身方面出發，又與宏觀來透視全局相關。可是，最基本的還是這一點：「文學需要在基督教信仰中被重新定位」。（〈文學初探〉）所謂重新定位，固然需要重新思考中國教會過去有意無意間定下一些錯誤的看法，並且不能只談文學，應該把文化和藝術一起重新思考。可是希望把文學定得中肯和有力，對現實有適切的回應，也不能不注重當代文學的發展和世界文學的流變。結合以上三方面，文學在基督信仰的重新定位，才可產生一個較為穩固的基礎。

扼要言之，重新思考中國教會過去有意無意間定下的一些錯誤看法，有一個「看法」一定要消除，此外還有兩個「肯定」需要實踐。那個「看法」就是教會不只是重新定位文學，她還應當除去對文化和藝術的歪曲想法，不要視它們為離經叛道的東西，從而不再輕視它們。教會至少要明白，文化和藝術與人類生活息息相關；不明白並不重要，最重要是放開成見，逐步認識。在教會中建立對文化和藝術真正的定位，其中有兩個重點需要特別注意。第一個重點：一切藝術皆指向不能憑肉眼就可看到的精神世界，其中「必有一種獨到的新鮮的觀感」。〔註三〕第二個重點：各種藝術都包含獨特的元素和歷史發展。從以上的糾正和兩個重點出發，「文學需要在基督教信仰中被重新定位」才是真實和具有實踐性。至於第一個「肯定」，就是教會對基督徒作家的位置有所肯定，從而對他們加強鼓勵、同情和共鳴；這樣，我們才能建立重新定位文學進一步的基礎。第二個「肯定」，就是肯定被呼召為作家是存在的。如同蘇恩佩在三十九年前所言，「筆者絕對無意輕看教會工作的神聖的呼召。筆者只是要扭轉一些被歪曲的觀念，強調一些被忽視的事實，指出『傳道』、『奉獻』與『呼召』的廣義。」事實上，被呼召為作家是一種獨特的選擇：「這是一個嚴肅的選擇，一個不為人接受的選擇。」〔註四〕這兩個「肯定」不能留於空談，一定要實踐出來。

說到中國當代文學，我不敢說它已完全走入歧途，甚至患有重病，到達膏肓之境（余杰：〈病入膏肓的中國當代文學〉），但從中國源遠流長的文學發展和百多年來的文學變革，我們還可以約略看到，中國作家數千年來所走過的路，並且在廿一世紀的今天，基督徒作家應該有的位置和態度。文學的開始源於對自然和萬物的感觸，最初表現在語言的歌唱和身體的動作。這些代代相傳的語言和動作，在人的內心早已漸漸留下深刻的影響。較後的時期發明文字，這些歌唱和動作就能傳之後世。不過中期的年代，詩詞的誦唱以及戲曲的產生，仍可伴隨文學的發展，始終沒有完全捨棄。隨著社會的日益進步，文字不只是抒發個人的情感，還能發揮管治民生的作用。由讀書識字到考取功名，有修身、齊家、治國和平天下的步驟。當人有平天下之心或有抱負之志，對民間疾苦最為上心，可是權力和個人利益作祟，那些匡扶濟世之志不免受到打擊，甚至最終蕩然無存，及後多數有志氣的文人只能寄情山水，或是從事某些學問的鑽研，在「三不朽」（即「立功」、「立言」和「立德」）中能達到其中一項，才能算是對個人無愧，對後世有益。大概到清末至民國初年，文人的作品和地位才能得到直接的肯定，成為一種價值和使命。可惜從抗戰到文化大革命，文學漸漸成為一種「工具」，用於政治鬥爭和社會改革。到上世紀八十年代以後，改革開放的浪潮蔓延全國，文學漸漸變成一種商品，許多作家被消費者刻意也好，無意也好，總受了「控制」。有一點，說起來算是可悲的，就是礙於無形和有形的政治意識形態，在自覺和不自覺的情況下，將文學本有的對人生和社會更深切的反省加以抑制，向著無關痛癢的方向發展。自此，讀者愈來愈感受不到作家內心最深切的一面，作品的深度又隨之大減。套用香港近年常用的一個「術語」，這是「雙輸」之局。另一方面，文學在百多年來的文學變革，往往講求內容和形式的融合和獨特，這不能不使文學過於著重內容和形式的探索，所謂「玩前衛」、「玩先鋒」、「玩純形式」、「玩語言」、「玩智力遊戲」等等，取代了精神世界的開掘。因此，對未來文學的發展，基督徒作家一定在商品市場和政治意識形態之外，有個人的立足點和堅定的看法，甚至有堅強的心志，不為物質和利益所誘。不然，文學不再成為文學；這樣，我們可以創作甚麼？我相信基督徒作家最終的防線，不是靠著個人的意志和操守。最大的得力應該來自聖靈的更新和加力。

最後稍加探討世界文學的變化。各國的文學到了廿一世紀，早已不分疆界；各國文學已互相滲透和影響，不能只顧本身的發展。所以，這一代作家不但講求對本身文學源流的重尋和開發，還需要對各國文學有適當的認識和吸收，不宜受到過分的影響，忽略本身應該的發展和限制。近年諾貝爾文學獎的頒發，有一個特別的情況可堪思索，甚至成為在世界文學變化中一個間接性的啟示。萬之在〈明日黃花再生香——評二〇〇五年諾貝爾文學獎〉曾引用諾貝爾文學獎前評委會主席吉倫斯登（Lars Gyllensten）一本著作中兩段文字。在其中我們可以知道近年評選標準的變化：

瑞典學院經常受到批評，說他們把獎發給了「寂寂無名」的作家。而所謂「寂寂無名」的作家其實是那些在其自身語言領域已經很有名和受稱讚的作家，只不過瑞典媒體和文化人沒有注意而已。

> 文學獎也不是要發給所謂一時最成功的作家——所謂「最好的」作家。這樣的作家並不存在。真正的作家是特立獨行的：他們各有自己的目標、標準和價值。所以評獎有一實用的準則：評給那些有獨特文學質量但可能還沒有獲得他或她值得獲得的國際承認的作家。也就是說，這是一種起教育作用的評選，也是為公正服務。這是為了推廣和傳播優秀的文學。至少，我把這看成我在瑞典學院諾貝爾委員會中的任務。〔註五〕

這兩段文字，至少給我們一個間接性的啟示，其中是一體兩面的。第一面是指所謂「已經很有名和受稱讚的作家」，未必是那些受到大部分人接受的作家。恰恰相反是另一段所言，「他們各有自己的目標、標準和價值」的作家。第二面，是指那個「實用的準則」：「評給那些有獨特文學質量但可能還沒有獲得他或她值得獲得的國際承認的作家」。從文字的涵意來說，「已經很有名和受稱讚的作家」與「獨特文學質量」是相同的，兩者的意思也就是「他們各有自己的目標、標準和價值」的作家。因此，我們在文學的創作上，是否能達到上述世界文學變化的情況和那個一體兩面的間接性啟示呢？這些層面，我們實在需要不斷深思和努力，更少不了神的恩典和能力！

從更大的中國文化層面再看文學土壤的貧瘠，意義更為獨特。〈文學初探〉曾有這樣的評論：「文學，也必須栽種在文化的遺產中，建立在文化的傳承和積累上，再開發，再創新。不幸地，中國文化在基督教信仰方面的遺產是貧瘠的。」在我看來，所謂貧瘠，究其原因，是中國文化經歷數千年的發展和積累，幾乎沒有一種觀念或思想，可以簡單地對照和相比基督信仰，從而可以照般如儀。當我們說到「合儒」、「補儒」和「成全中國文化」，最終說服不了，使中國文化的學者深覺基督信仰真的對中國文化有以上的作用。因為基督教與中國傳統文化實在存在衝突的思想；的確，「問題在這些彼此衝突的思想能否調和起來，分歧能否統一而已。」〔註六〕我在〈正式開展中國基督教文學〉曾提出如下的觀點：「我們需要真正地進入中國的文化與自己的信仰源頭，找到兩者可以相合和相融的核心部分，再加上個人從神所領受的恩賜，各自發揮所『看見』的核心，在和而不同的激盪下，深具特色的中國基督教文學就可應運而生，最終形成中國基督宗教的文化根基。」這是從文學的轉化層面立論，不是文化的研究和比較，其中最重要的步驟是將兩者可以相合和相融的核心部分作重心的轉移，而中國傳統的文化在此不能不作出相應的調整和轉變。說到底，這才是根本之道，因為我們不可能完全推翻中國數千年的文化，然後重新建立所謂「中國基督教的文化」，使其成為中國的主流文化。所以，文學土壤的貧瘠正正警告我們應該從核心的問題來開展中國基督教文學！這是獨特的意義所在，需要我們正視。

這部分，我以張曉風前輩早年提出的兩個問題作結。提出這兩個問題，是多年前的事，現在再說出來仍是暮鼓晨鐘，在有心人中更是不斷向前的其中兩個方向：「今日基督徒作家中，有多少人是敢於突破傳統而直抒胸臆的呢？」在此可以把傳統理解為廣義和狹義。廣義方面，可泛指一切有形和無形的教會傳統或社會傳統，例如對某一些禮儀的意義、教會宣講的模式或是對世界的看法。我指的，不是歷久常新的教會傳統，而是某一時代和氣候所形成的教會傳統，因為過了某一時代和氣候，這些教會傳統就不一定適合現在的時代和氣候。狹義方面，例如對某些經文的解釋和應用、不墨守文學的傳統和看法，或是生命改變的模式。至於另一個問題：「有幾個中國基督教的作者曾經把舊文學當作一種泉源，而同時也把新文學當作一種借鏡呢？」〔註七〕多年前提出這兩個問題，現在再說出來，仍有它們的獨特意義。教會或社會傳統，的確不斷在變，可是其中仍然影響我們。從文學的源頭來看，我們也不能脫離中國的舊文學和新文學，不能單單只有信仰的源頭。

一 改變文學土壤貧瘠的探索 一

其他基督徒作家也探索過如何改變這種土壤。固然每一位論者，都有他的議論方向，至於是否與貧瘠的文學土壤相應，實在需要探討一下。〈文學初探〉提出以下一連串的觀點：

反觀中國基督徒作者，很多人自己是第一代基督徒，信主的歷史尚淺。若說文學是反映人生，我們反映出來的信仰深度，只能跟著我們的信仰生命的成長走。信主五年的，無法寫出信主二十年的屬靈深度。新成立的教會，尚未經歷百年教會的僵化掙扎。我們沒有太多前人的足迹可追隨，只能披荊斬棘地走出自己的一條淺迹。

所以，與其說我們是在基督教文學寫作上拓荒，不如說更多地還在生命上的「成為」，成為甚麼呢？成為「雲彩樣的見證人」。我們見證自己和周邊的掙扎，一點一滴地用文字紀錄，為文化留聲。我們，就在用自己的生命寫初版的屬靈故事，再用自己的故事來開創基督教文化的豐富遺產。這是我們寫作的窘迫困境——所貢獻的，不過寡婦的兩個小錢，但神卻看為珍貴。因為，這就是我們全部的「養生」。所以，也是一種令人振奮的開疆拓土經驗，是神必會祝福的文學和文化挑戰。

從自然成長的角度來看，第一段與第二段，似乎言之成理。可是按著這種觀點，如果這一代不能建立有深度的信仰，並且傳承下去，同樣，下一代以至再下一代，也沒有多大的分別。因為「我們沒有太多前人的足迹可追隨，只能披荊斬棘地走出自己的一條淺迹。」事實上，我們不是完全如此。一方面，信仰的深度，有時候不一定與個人信主的年日成為正比。他從宗派的傳統吸取養分，而且近代的某些作品也可發生啟發的作用，至少產生「此路不通」的結論。另一方面，神對一些信徒特別的指引和開啟，也可以超越過去宗派或個人的信仰深度。這是少數的特殊例子，當然不能成為通則，但是這種可能仍然不能忽略。在第二段的論述，筆者明白這位作者的用心。她鼓勵我們，不要輕看自己付出如何微小。的確，我們微小的付出，神「看為珍貴」。然而，筆者只想問一問，現實的情況真是「窘迫困境」？還是我們忽視當代仍然有人盡上心力，在神的恩典下企圖開創獨特的基督教文學？從這方面而言，下面的分析是我們應該思考的方向：

> 為甚麼華文基督教文學在主流文學中沒有足夠的影響力？我們並非缺少非基督徒或文化基督徒寫的，受基督教和聖經思想影響的華文作品，恰恰是缺少了有生命的基督徒，能將生命與信仰傾注其中、傳遞純正聖經信息，又具備文學價值的「核心作品」。曾有學者研究認為，中國當代大多數著名的作家，作品都曾受基督教深淺不同的影響，甚至不乏取自聖經題材的作品。但這些受基督教文化影響的作品，和有基督徒身分的知名作家，並沒能形成華文的基督教文學。（〈擴大〉）

我認同這句話：「缺少了有生命的基督徒，能將生命與信仰傾注其中、傳遞純正聖經信息，又具備文學價值的『核心作品』。」然而，這話不但是說易行難，而且不是基督徒作家有意志便可轉變的。我在〈當代基督徒作家，需要進深！——評介胡燕青一次講座的大綱（上）〉指出：「『討論一：基督徒作家的立足點是甚麼？』第一句就逗人思考：『他是基督徒，也是文學家，但他不一定就是基督徒作家。』她提出『一個真正的基督教作家的層次至少有兩種』」，第一種：

信基督教，有意識地用文學來呈現個人信仰概念的作家。他是一個基督徒作家，但不一定是偉大的基督徒作家。因為他仍須要有意地把自己的寫作方向，從一般文學創作的大陣營中區別出來。寫《冰點》的三浦綾子就是這一種。

第二種：

信基督教，有意識地用文學來呈現真實生命的作家。他是一個偉大的基督徒作家，因為他的文學水平充分而自然地就成為讀者的部分。寫《罪與罰》、《卡拉馬佐夫兄弟》的杜斯妥也夫斯基，寫《安娜．卡列尼娜》和《戰爭與和平》的托爾斯泰就是這一類作家。

跟著我有如下的分析：「如果沒有深思這兩段話，讀者會覺得她的分類過於嚴格。此外，她用上『呈現個人信仰概念』和『呈現真實生命』這樣的截然劃分，是否有足夠的理由？起初，我也思考到，在兩者之間實在會存在著從第一種過渡到第二種的情況。然而，在理論上或是實際上，我們應該用上她的劃分方法，用來呈現這兩種層次的『真正基督教作家』；不要忘記，她是這樣說：『至少有兩種』。在我看來，她沒有貶低三浦綾子，而是對比起杜斯妥也夫斯基和托爾斯泰這兩位文學巨匠，她這種分類是智慧的提出。不過，我要強調，究竟一位『真正基督教作家』是屬於前者，抑或屬於後者，不是他個人的意志可以決定。神使用他，他怎樣經歷人生而又能夠得到多大的恩典和能力，不是這種客觀的分類可以斷言。然而，這樣對基督徒作家個人生命本質的確立，無疑切中肯綮，能言他人所不能言。」〔註八〕因此，單單說「缺少了有生命的基督徒，能將生命與信仰傾注其中、傳遞純正聖經信息，又具備文學價值的『核心作品』」，並不能對現實有何真正的把握。我們只能向神切切禱告，自己也盡上本分，成為「呈現真實生命」而不是「呈現個人信仰概念」的基督徒作家！

此外，〈擴大〉也提出另一個改變文學土壤貧瘠的方法：「目前，需要培養華人基督徒的文學閱讀。一來因為基督徒除了聽道、查經、讀屬靈書籍，也需要娛樂。文學不僅可供娛樂，且寓教於樂，同樣可以有門徒培訓、講道、靈修的功用。另一方面，如果基督徒都沒有適合的文學作品可讀，不具備文學閱讀能力，認為文學就只有世俗文學，他們怎樣可能來支持基督教文學？他們中間又怎會成長起一批又一批的基督教文學作家？」所以〈擴大〉在以上論點下，再提出：「目前應將信徒作為主要的基督教文學受眾。這個領域的空缺，是華文基督教文學的一個契機。另外，非信徒也同樣會被這類作品打動。」問題始終是個人和整體兩方面的相互作用，才能真正解決文學土壤的貧瘠。只說「需要培養華人基督徒的文學閱讀」，還未觸及核心。

—取材的困難—

文學作品的取材問題，〈文學初探〉曾有這樣的分析：「有時我們也會看到，一個教外人反而比基督徒更能指出教內的黑暗與偽善。所以依我淺見，當作品偏向呈現基督教文化現象，或描寫人性和罪惡在信仰中的掙扎時，應和基督徒所寫有類同的可信度。但若偏向神聖、奧祕的個人屬靈經歷、或闡釋神學教義幽微的部分時，我們則要小心地分辨。」深一層來看以上觀點，與文學作品的取材息息相關。當中有一個不易明白的情況，就是縱然在教會（我指的是普世教會，而不是某一間教會）內，多少都會存在黑暗與偽善。我認為其中一個重要原因就是，許多時候，我們在教會內太多講何為真理；無可厚非，教會必須宣揚真理，但是我們千萬不要以為宣揚真理，自己就等於真理。我們要有足夠的謙卑，同時也有深刻的反省，讓真理先光照我們，然後再光照會眾。

首先，我們可以發現一些獨特的情況。所謂「一個教外人反而比基督徒更能指出教內的黑暗與偽善」，隱含著在教會內有些人沒有深切反省自己的生命，因而偏向黑暗與偽善。既然本人不自知，教會外的人便容易擁有客觀的眼睛，看到當局者毫不察覺的問題。所以作者提出「當作品偏向呈現基督教文化現象，或描寫人性和罪惡在信仰中的掙扎時，應和基督徒所寫有類同的可信度」，是合理的分析。此外，進到信仰的核心經驗，例如「偏向神聖、奧祕的個人屬靈經歷」或「闡釋神學教義幽微的部分」，作者指出我們「要小心地分辨」，的確是謹慎的做法，因為這些作品不一定寫得好，同時也不一定寫得不好。原因有兩方面。一方面個人有親身的經驗，才可把這些與信仰核心相關的問題，在作品中寫得實在和生動。另一方面，我們也要承認有個別作者，因著個人的天賦，縱然沒有個人親身的經驗，也能從其他途徑寫出這些特別的核心經驗與教義的幽微。

歸納起來，文學作品的取材大致可分為教外和教內。從教外人士來看，近代實在有不少以「教內的黑暗與偽善」為題材的作品。我在另一篇文論早已討論這個問題。「除了這種側重有其原因，更重要是揭示了這種寫作模式不能寫出傑出甚至偉大的文學作品，因為他們在暗斥中已漠視了基督信仰中最寶貴的地方——神真實的愛和神的同在。其實，真實和虛假都會存在每一個人的生命中，無論他是否基督徒。怎樣獲得這份洞悉力，可以區分兩者的幽微，途徑只有活出一份對神和對自己的謙卑以及不斷受聖靈感動，不斷延綿出一種深度的自覺；在作品自自然然顯出真實和虛假，相生又相剋的屬靈深度！」〔註九〕如果從教內的人士再看這個問題，無論是「教內的黑暗與偽善」，還是「偏向神聖、奧祕的個人屬靈經歷、或闡釋神學教義幽微的部分」，都可成為筆下的題材，只要作者對自己和神是真誠的，就沒有問題。問題反而出於那個時代是否有足夠的個人因素和時代因素，促成無論是前者或是後者的寫作，最終使作品別具深度，而不是流於發洩與空談，又或是有其獨特的眼光，但是所呈現的視野卻沒有從聖經而來；若是如此，不能不說有點可惜。個人因素，是指個人對當代的時代環境有獨特的透視，而這種透視固然源於個人的心靈對整體環境的深入感觸，可是最重要是這種感觸與整體環境發生甚麼作用。這種作用其實發自個人整體的生命；整體的生命又與他所堅信的信仰或對人生的理解，密切相關。至於時代因素，是指觸及這個時代所形成的普遍信念以及對個人意念和行為的限制。如果這種時代因素是如此強烈地影響個人的思想和行為，對於作家當然比一般人有更深的了解。作家在這樣的情況下，通常是先知先覺的，並且更能勇於面對。

另一方面，〈擴大〉也有一些內容與文學作品的取材相關。當中有這樣的討論：「以聖經為題材的作品，始終是基督教文學中非常重要的，甚至是屬於『核心』的一塊，對於當前的華文基督教文學創作尤其重要。」事實上，指出這方面的重要性，過去真的沒有多少文章有如此明確的指出，可惜作者沒有進一步探討。我在「散論聖經與小說創作」這個系列文論，已開始討論這個重要議題，在此不想重複（見這個專欄較前的部分）。在此只需指出這個重要議題不容易落實。因為，直接地把聖經的一些故事，只是加長或是改頭換面，事實上並不是以聖經為題材。所謂以聖經為題材的作品，至少是超越直接的引用，而且一定需要對聖經的故事有深切的理解，在不違反正確的解釋後又能超越正確的解釋，最重要的還是有足夠的能力，把這些理解融會於作品中，最終與當代的人產生共鳴和影響。

一取捨與超越一

基督徒作家除了以上取材的困難，如何取捨創作的精神與超越過往的成果，也是十分重要的層面。最基本的創作精神如同〈文學初探〉所言：「創作應有其自主性，不能拿來作任何價值觀傳遞的奴婢。」因此，當這篇文章提到否認自己是基督徒作家的作家，他們的作品與自認是基督徒作家的作品存在差異，我們的注意力應該超越差異，看到背後更深的含意。當然「寫作是為文學而作，而非只為傳揚基督教而寫」，可是「吊詭的是，這些否認自己是基督徒作家的文學作品，反而比一般號稱基督徒作家的還要更深入民心，也流傳得更廣。我想是因為他們謹守文學本位，在文學作品中十分自然地流露出他們的基督教信仰，而非用文學來包裝信仰、宣傳信仰，才會有如此輝煌的寫作成績和文學定位。」對照上文曾提到「呈現個人信仰概念」和「呈現真實生命」這兩種基督徒作家，更能補充這些話。所謂包裝信仰、宣傳信仰，許多時候不一定出於惡意，相反大都出於善意。只是他們不能分清並且深切明白，文學創作最講求是對生命的真誠。縱然出於善意，希望把自己看為最寶貴的信仰向人介紹，可是不是出於對生命的真誠，或是對這方面有所覺醒，就急急表達出來；這樣，寫出來的作品，往往犯上包裝和宣傳信仰的窠臼。很重要一點，就是「呈現真實生命」的作品，不但指向自己，同時也指向他人（在筆下，自然是人物）。也即是說，這些人物能夠充分反映「呈現真實生命」的各種元素，才可以不屬於「呈現個人信仰概念」的作品。所以，更深一層而言，那些否認自己是基督徒作家的作家，不想受信仰的限制，只寫出合乎正統教義的作品。因此，他們故作相反，否認自己是基督徒作家。〈文學初探〉說：「我想是因為他們謹守文學本位，在文學作品中十分自然地流露出他們的基督教信仰，而非用文學來包裝信仰、宣傳信仰」，只是表面的原因。背後的原因是他們對生命的真誠，不願意受到信仰的限制。但是，沒有一位作者不能完全不受自己信仰的影響。我們只能說，作為一位對自己真誠的作家，我們不受信仰的教義和傳統價值觀所限制，從自己對生命的真誠出發，與神直接對話和掙扎，才能避免犯上包裝和宣傳信仰的窠臼。所以，不是單單「謹守文學本位，在文學作品中十分自然地流露出他們的基督教信仰」，就能有「如此輝煌的寫作成績和文學定位」。我們的注意力應該超越這個差異，看到背後更深的含意。

從以上角度，再看上一部分曾引述關於教內黑暗與偽善的一番話，又可引伸另一層面的分析。我認為在教會內（我仍然是指普世的教會，不是某地方的教會）存在黑暗與偽善，是在特別的情況下才會產生的。教會的確是宣揚真理的地方，可是宣揚真理並不等於自己就是真理。我們需要深刻反省自己與真理是否接近，是否愈來愈讓真理擁有自己，是否愈來愈向真理降服？如果我們只偏向自己就是真理，又不深刻反省自己一切所行的，是否足以顯揚真理，令人把頌讚和榮耀都歸給真理，我們一定容易產生黑暗與偽善。為何教外的人反而比基督徒更能指出教內的黑暗與偽善，原因很簡單：當局者迷。即或我們能克服這種自義的困難，也不是沒有其他困難。「偏向神聖、奧祕的個人屬靈經歷、或闡釋神學教義幽微的部分」，我們又如何取捨和超越？上文提及兩點：是否有足夠的個人因素和時代因素，促成「教內的黑暗與偽善」和「偏向神聖、奧祕的個人屬靈經歷、或闡釋神學教義幽微的部分」的寫作；這就是另一個困難。我要補充一點，歷代有建樹的神學家，他們的研究足以開啟一扇特別的窗戶，通向另一個含意深遠、令人生命深切得益的精神世界！問題只是我們能否有效地建立神學與文學之間可以貫通的橋樑，使我們的作品轉化，縱然「偏向神聖、奧祕的個人屬靈經歷、或闡釋神學教義幽微的部分」，仍然保留文學的素質。我知道很難做到以上分析，但是這種分析不失為一個重要的取捨和超越的方向。

如果從實際的角度，討論題材的取捨，以下這句話是否擊中要害，值得討論：「最主要的是要看作品的內容，是否只抓住基督教旋律中一、兩個音符來作不相干的文章，或與我們教義有所違背，便都不能算是基督教文學。」(〈文學初探〉)進一步分析這句話，更牽涉整體作品的表達。如果說，「抓住基督教旋律中一、兩個音符來作不相干的文章」，是指在作品中含有小量的基督教旋律，言下之意，是否大部分甚至全本作品充滿基督教旋律，就能算是基督教文學?綜觀數十年來的討論，這個問題已是老生常談，幾乎每一代的基督徒作家，總會問這個問題。我認為〈文學初探〉對這個問題的分析，大致是正確的，只是需要既從整體又從局部，細緻地分析那本作品是否以大量的篇幅來表達某些獨特的真理，還是較為細緻地在字裏行間，漸漸呈現互相連貫又互有影響的人生真相或基督教真理，以至作品的深度和廣度驟然增加。如果是這樣，就不能只從表面上是否「抓住基督教旋律中一、兩個音符來作不相干的文章」，就認為不是基督教文學。至於是否違背教義，也不能簡單地只看表面，遽然下定論是違背教義。從各方面仔細分析，反覆地看看在作品底層所流動的思想，在一一連繫和碰撞之下，是否隱藏表面看似違背教義但是內裏卻深刻反映教義更深層的地方。因此，一部作品是否屬於基督教文學，不能只從表面的簡單分析就可下定論；我們一定從更深的層面，作全面和仔細的分析，才可下一個定論。

再細節而論，文化語言和用語有何取捨和超越呢？〈文學初探〉曾說：「文學脫離不了文化語言。中國文化中佛教用語如『醍醐灌頂』、『來世今生』、『緣分』等等俯拾皆是。基督教用語在中國文化中，則仍算是生疏的語言，還不夠『草根性』或『本土化』。」跟著〈文學初探〉又有這樣的分析：「所以要創作基督教文學，基督教語言、聖經故事、比喻與引言，便須先被植入中國的文化土壤，成為我們生活語言的一部分。所以，如何讓信仰有創意地進入語言，在文章標題，文章內容等多方面引用，使屬靈語言生活化，到最後普遍地成為真正的文化語言，是基督徒作者的一大挑戰。」我們必須留心，所謂屬靈語言是否單單從聖經原文所翻譯出來的中文聖經的用語？還是個別宗派從口頭傳統所留下的用語？明顯，屬靈語言應該關乎生命的本質問題，單單從原文翻譯出來的中文聖經的用語，只能說是未經深刻消化和融會的用語。至於文化語言，是另一層面的語言，與生活語言互有關係和影響。生命的本質應該從聖經的真理來開展，然後用現代人能夠明白的語言來表達。雖然我甚為欣賞漢語聖經協會未來出版的《新漢語譯本》（我只看過符類福音三卷的翻譯），但是這些較好的翻譯也不能取代再用漢語對聖經真理的詮釋和深化。我這樣說只是著眼於文學創作，並不包括神學的研究和註釋書的不斷更新。

我們又可從廣義的層面，討論何謂基督教文學；其中也牽涉取捨和超越的問題。〈擴大〉除了提出上文討論過的「以聖經為題材的作品，始終是基督教文學中非常重要的，甚至是屬於『核心』的一塊，對於當前的華文基督教文學創作尤其重要。」還有如下類似的觀點：「雖然基督教文學是非常廣的概念，但我認為基督徒寫的傳遞聖經世界觀的文學作品，是廣義的『基督教文學』中的核心部分。」有一件可惜的事情，就是直至現在還沒有至少一本公認的文學作品，可稱為「傳遞聖經世界觀的文學作品」！因為當中實在有不少難題需要克服。縱然我們明白了聖經的世界觀（數十年來在不少神學著作或專題文章甚至專著中，早已論及聖經的世界觀），然而我們還沒有作家可以強而有力，並且以深刻的文學技巧來建構一部足以傳遞聖經世界觀的文學作品。我認為不但存在上文提及的個人因素和時代因素，而且中國基督教文學長久不被重視，也是重要的原因。此其一。另一方面，如何才算是「傳遞聖經世界觀的文學作品」？是否單單引用聖經就是傳遞聖經世界觀的文學作品？我回應前一個觀點，已說到一個重要的方向：「所謂以聖經為題材的作品，至少是超越直接的引用，而且一定需要對聖經的故事有深切的理解，在不違反正確的解釋後又能超越正確的解釋，最重的還是有足夠的能力，把這些理解融會於作品，最終與當代的人產生共鳴和影響。」如果要深入一點回應後一個觀點，我必須指出，如果真的能夠產生一部「強而有力，並且以深刻的文學技巧來建構一部足以傳遞聖經世界觀的文學作品」，這部作品不能不深入觸及中國文學的核心思想和技巧，而且超越這些思想和技巧，直接與聖經整體的觀念相通，從而呈現另一種別具特色卻沒有違背聖經原意的文學思想和技巧。此其二。這兩方面的難題，不容易克服。我相信不是一兩代人可以完成，可是有人正確地提出，方可靠近，甚至找到解決這些難題的途徑，否則我們不可期望數代以後可以產生一部公認的文學作品，可稱為「傳遞聖經世界觀的文學作品」！

如果以基督徒作家個人生命作為核心，呼召是不能不提的。〈擴大〉的作者曾分享他個人的呼召。「神對我的呼召，首先是一個宣教士，然後是基督教文字事奉者，最後才是一個基督教文學寫作者。也就是說，我可以是個作家，以基督教文學這種形式來傳遞神的信息；我也可以順從神的引導，隨時放下文學寫作，以任何一種別的形式傳遞神的信息。基督教文學寫作者有無這樣的心志，會在很大程度上影響他寫作的審美趨向。這也是基督教文學作家必須經過的，『分別為聖』的割禮。經此割禮後的人，他的寫作審美不會被世俗文學所局限、同化。他的審美來自於造物主，也將被神不斷豐富、更新、擴大。」從某一層面而言，這也是取捨和超越的問題。在此，所謂取捨，不只是選取這個，放棄那個如此的簡單；而說到超越，也不是個人有怎樣的能力，可以超越自我，不斷突破限制。因為從基督徒作家個人生命來看呼召這個問題，是神與個人生命最底層的相合問題；

不是任何身分的先後次序的問題。所以，我們是否一定如同這位作者的生命，首先是宣教士，其次是基督教文字事奉者，最後才是一個基督教文學寫作者？這位作者把以上的問題聯繫於寫作的審美趨向，而且引用聖經舊約的立約儀式（即割禮），表達基督徒作家個人生命的「分別為聖」。事實上，這位作者把呼召的問題複雜化，並且把個人的例子說成普遍的原則。因為一位基督徒作家可以被神呼召，只是從事文學的創作，沒有別的身分也不是問題。至於是否有這樣的心志，與他的審美趨向不一定構成直接的關係。我也明白作者的用心，她以此暗示，作為一個基督教文學寫作者，應該有隨時順服神的心志。可是這不是具有核心的意義。另一個情況，才具核心的意義：

……「有聖靈居中作主」的「生命圖象」，逐步經歷「離」和「合」中各種進程和改變，最終使我們獲得自我身分的確認（personal identity）。

一方面，人不能純粹透過自己去定義自己，另一方面，在寫作進深上，

> 人也不能只求自己在生命上如何發揮想像力和創造力。因為自我的成現（emergence of self），是自我主體在相遇關係中澱積出來的，而「有聖靈居中作主」的「生命圖象」更會向外擴展，感染他人。當中更奇妙的是那獨特的、不能被取代的「我」，必須在與世界、與周遭的人、與神的相遇中才被確認出來；從此，個人在周遭的世界，漸漸有一無所有的絕對謙卑心態。由於自覺在神的偉大和奧妙面前只能算為一無所有，所以自己再沒有任何條件和權利，去造成任何優越感來批判他人。反之，是體諒和包容，並且願意對方也能一同感到自己的所有：自己的所有就是神的臨在。這是最寶貴、最需要向人分享的！最後，在寫作的進程中，我們也沒有任何條件或堅持，一定寫成怎樣的作品！（見筆者未刊文論〈我們甚麼也沒有？〉）

〈擴大〉曾提及更廣泛的呼召，而且牽涉歷史的層面。文中有這樣的文字：「華文基督教文學的各個領域都需要文本與寫作實踐的積累，這一代基督徒作家正是被神呼召、被歷史選擇，來成為這個『積累』的一代。」的確，基督教文學是經過多代的積累才可具有影響力，甚至形成傳統。我們有如此更廣泛的呼召和歷史的眼光，對我們從事基督教文學創作，不無助益。但是，我們也不可不注意，無論哪一代都需要對過去數代的積累，有所取捨與超越，而不是單單作為「積累」的一代。如果只是強調「積累」而看不到對前人的取捨與超越，實在不夠全面。

對聖經的深入認識與經歷是取捨和超越其中一個重要的根據；〈擴大〉也曾提及認識。「寫文學散文、小說、詩歌的弟兄姊妹，也許無需成為神學家，但我認為在神話語上，特別是在基本要道上所下的功夫，不該比傳道人少。雖然這功夫不能、也不需要直接反映在文字表面，但若不下這功夫，你的基督教文學寫作就上不去、深不了。」以上的觀點，只提及認識聖經，忽略經歷的重要，同樣是不夠全面的。固然，聖經的一切真理，在有限的人生中實在不能完全地經歷，可是經歷對認識聖經有直接的幫助。一方面，經歷使認識不流於知識的層面，從而提升至更廣闊的生命層次。

另一方面，經歷使認識深化於個人生命之中，生命因而更具影響力和感染力。的確，這位作者說得不錯，「也許無需成為神學家，但我認為在神話語上，特別是在基本要道上所下的功夫，不該比傳道人少。雖然這功夫不能、也不需要直接反映在文字表面，但若不下這功夫，你的基督教文學寫作就上不去、深不了」，可是假若沒有經歷直接的幫助，他的基督教文學寫作上去了、深入了，也不甚足夠。當然，再相反來說，認識也可深化經歷，使經歷更加深厚。有一點需要略提一下，就是轉化這些對神話語的認識和經歷在文學寫作上，實在微妙，不是單憑個人的努力便可水到渠成。在這一點上，強調神的恩典和能力的賜予，是十分重要的。

對於世俗文學的了解也是「取捨和超越」另一個重要的方向，不能不提。「不媚從世俗文學，並非不需要了解世俗文學，因為只有了解、掌握後，才能超越。」（〈擴大〉）從整體的精神來看，當然需要超越世俗文學，可是取捨這一面，也不能漠視。在此，只強調世俗文學的需要和忽略。縱然在不同時代的世俗文學，它們總是在許多不同的需要之下，才會產生某些文學特徵；與此同時，也會包含一些微妙的忽略，從而使世俗文學縱然走向光輝的成果，跟著不能不漸漸顯出缺乏和不足。問題就在取捨之時，如何對應世俗文學的需要和忽略，及後的超越才是真正具有實效，而不是自說自話，滿以為超越了世俗文學，到頭來還是與世俗文學沒有兩樣。

〈擴大〉曾提及一個算是特別的寫作習慣，對於「取捨和超越」這個核心議題，可以「小題大作」，總結這個層面的討論。作者那個特別的寫作習慣，是有一些經歷才產生的：

前幾年，神通過帶領我進入不同文體的寫作，在我生命中做祂奇妙的善工。祂一方面向我開啟來自天上的智慧，讓我寫出我自己寫不出的東西。信主第一年，在我對聖經還不熟的情況下，就讓我經歷了非常奇妙的詩劇《創世記》和長詩《關於苦難》的寫作，裏面運用了大量的經文，全部是禱告得來的。那時我基本上沒有甚麼解經書，只有一本簡易的《經文字詞索引》。這種經歷使我極為好奇、興奮，對神的主權和智慧常常驚歎不已。那一段的經歷使我養成了一個非常重要的習慣，就是凡與信仰有關的文字，特別是比較重要的文章（包括散文、小說、詩歌等文學作品），或者是長篇小說重要的關鍵部分，我都會跪下禱告，在主面前訴說自己的無能，仰賴祂賜下。

那個特別的寫作習慣，作者在下一段作了更多的補充，並且肯定這是「依靠禱告的寫作方式」：

有時，禱告後就平安地相信祂，坐下寫時，句子就從裏面泉水般流出。有時，卻需要長久等待，甚至一而再，再而三地離開桌子跪下禱告，直到心裏得著了神同在的確據，和從祂而來的勇氣。也有的時候，會按照裏面聖靈的感動暫停寫作，等待祂的時間再動筆。這種依靠禱告的寫作方式，並非是基督教文學寫作的惟一方法，但應該是很重要的一種，基督徒作家可以藉此方法超越自我。

「取捨和超越」這個核心問題，上文已從不同層次和方向作出分析和探討。但是從實際的情況，探討如何依靠聖靈來寫作，還是沒有觸及。事實上，這位作者的經歷，的確吸引一些未曾以這種方式寫作的基督徒作家，嘗試一下。固然，如同作者強調，這種寫作方式「並非是基督教文學寫作的惟一方法」，可是作為一種方式，我寧可強調基督徒作家在其中需要怎樣的心態，而且在那樣的心態中如何敏感聖靈的聲音以及怎樣自處謙卑。我認同外在的行為一定影響內在的心態，可是內在的心態的操練也可不受外在形式的限制，而神最看重的是內心。當內心開始敏感神的臨在，在思想和心靈中體驗那似重若輕的微聲，總是向內心更深處滲透，叫自己對更深層的生命有更深的了解，從而不斷覺醒原來自己仍是那麼軟弱和無能。這種過程需要不斷操練才有可能熟悉聖靈的微聲。一方面，我們要調準心態，專注神在內心的聲音，另一方面，這種聲音臨到，我們應該立刻順服回應，這樣，神的聲音就會愈來愈清楚、明顯。其中少不了，要離開罪行，熄滅犯罪的念頭，以及不受其他事情干擾、全心全人的投入，讓神的聲音更清楚地呈現。至於自處謙卑，重要的一點是，深深感到自己「同時是蒙恩的人又是罪人」。梁家麟說得好，「要是我們不應犯罪，卻又不能免於犯罪，我們始終會做一些不該做的事，終究未能擺脫作為罪人的境地，不能免於『我是個罪人』的招供。無疑我們在道德行為上有若干進步，但這無改我們的人性結構，不會使我們擺脫如馬丁路德所說的『同時是蒙恩的人又是罪人』（*simul iustus et peccator*）的描述。基督徒是蒙恩的罪人，蒙恩是真實的，罪人卻還是罪人。」[註十]「罪惡愈多，恩典愈多；恩典愈多，罪惡亦愈顯多（羅五20）。愈是經驗上帝的恩典，愈能體會自己是罪人，我們『同時是蒙恩的人又是罪人』。」[註十一] 如此，我們就不能不自處謙卑，不斷熟悉聖靈的聲音，從而讓聖靈光照和充滿。我們能夠這樣敏感聖靈的聲音以及那樣自處謙卑，依靠聖靈的寫作才可漸漸建立起來。

總結而言，超越與取捨這兩個層面，從以上種種的分析和探討，不斷地顯示〈文學初探〉和〈擴大〉還有不少空間可以進一步討論。所謂超越與取捨，就是不斷探討各種問題更進一步的情況，看看如何超越這些情況的限制，或從中作出適當的取捨。由此，基督教文學才可不斷深入發展，最終能夠開花結果，一代接上一代。墨守成規、故步自封與不思進取，都不是踏實地發展基督教文學的方法，但是真實的超越與取捨，總是在種種問題之中，把餘下的空間慎重思考和分析，使問題有更廣闊的發展。不是簡單地提出見解，就能達到超越與取捨。

—不是總結的總結—

以上四方面是核心問題，對於綜論中國基督教文學創建的問題，算是較為完備；其中仍存在變數和反對的意見。在第一個層面，我不但提出「文學土壤的貧瘠」的問題，而且特意地加上「解決之道」。在第二個層面「改變文學土壤貧瘠的探索」，我指出這些探索的不足和如何解決。第三個層面「取材的困難」，我也是提出有甚麼困難，然後提出解決之道。最後一個層面「取捨與超越」，我用最多篇幅來分析以及討論，因為這是更加深層的問題，非下多點功夫不可，總意是不能簡單地提出見解，就可達到超越與取捨。當然，我不認為綜論了這四個核心問題就能解決所有問題，然後不再需要繼續探討。相反，我的目的是強調，「對綜論中國基督教文學的創建，有一個全面性的開展；當代的參與者或是未來的繼承者，在這些可行的方向下，都可繼續依循和探討，最終確立中國基督教文學創建的大藍圖。在這一點上，可能包含不少變數，其他人也會提出反對的意見。」例如政治的強烈變化，必然對文學的創作產生一定的影響，又或是教會仍然不想正視和解決種種對文化和藝術的歪曲看法，作為基督徒作家勢必採取另外一些行動來解決問題。所謂反對的意見，可以是針對「中國基督教文學創建的大藍圖」。是否需要一個大藍圖來創建中國基督教文學？各自有各自的發展，不必共同以某一張藍圖作為自限。我也知道這個事實，然而我感到既然基督徒作家是蒙神呼召的人，他們一定不可只求個人的努力和成就，完全不理會神在他們身上的共同心意；即是說神在整體上對中國基督教文學的心意。我認為我們可以和而不同，並且可以相輔相成。最後，「反對的意見」可指本文的一些疏漏之處。雖然我用了相當長的篇幅來綜論一些重要的問題，但是終究一切的討論都不是完全的，其他人總有蹊徑可尋，繼續探討問題。從以上所論，這部分真的不是總結的總結。

結束本文之前，我想到我們應該彼此鼓勵和自我鞭策。〈擴大〉也提出兩個不錯的鼓勵，可惜未能進到更深的地步。當然，對認識文學創作不深的弟兄姊妹，仍然有其價值。第一個鼓勵：「基督教文學作品應產生震撼人心靈深處的作品，因為住在我們裏面的聖靈是鑑察人心腸肺腑的。『屬靈的人能看透萬事』（林前二15），神話語的應許是基督徒作家寫出深刻人性、剖析社會的保證，也是呼召。」第二個鼓勵：「一個基督教文學作家不必限定自己的文體和風格，因為造物主更了解受造者，更能化腐朽為神奇地使用我們，創造出祂心意中的東西。充分地信任祂，將自己心思、時間完全柔順地放在主面前，是一個基督徒作家的『聰明之舉』。我體會到：你能將自己生命中、寫作中多大的空間給神，神就能在你的生命和寫作中，創造多大的神奇。」為何這兩個鼓勵，不能進到更深的地步？我認為神話語的應許以及將自己心思、時間完全柔順地放在主面前，應該有更為細緻的層面，不是單單拿一句經文以及作出某些行動就能保證一定寫出深刻的人性和社會的剖析，以及在你的生命和寫作中，創造多大的神奇。在〈我們甚麼也沒有？〉一文，有精簡的分析，在此不作詳論。我們需要的鼓勵在於更深的層面；這層面只有與神有更深入的相交，才能獲得。願意我們向神說，讓我們進到生命的更深處，被祂完全改變，阿們！

自我鞭策可以來自很多方面，這裏只選取其中一種方式，就是對一句說話的記憶。對於其他基督徒作家一定有其他自我鞭策的方式。蘇恩佩在三十九年前寫成〈基督徒與文藝創作〉，最後一句話常常縈繞我的心頭：「這一代中國基督徒能否在文藝上有成就，有待許許多多拓墾者的努力。」(註十二) 這句話在三十九年後的今天仍然響徹雲霄，至少我作為其中一位基督徒作家，不敢不努力！這一代參與者或其他後來者，從以上的概述和分析，至少有少少啟發。筆者相信他們仍然不斷向前邁進，而這篇文章是其踏腳石，使他們繼續開疆拓土，最終照耀中國文壇！

二〇〇七年八月三十一日寫成這篇文章。二〇〇七年九月四日，在《時代論壇》網站的「文藝影音」刊登。最後，二〇二一年十一月五日略略修訂。

註釋

〔註一〕蘇恩佩：〈基督徒與文藝創作〉，載范鳳華編：《沉睡與清醒之間——話語傳承之美》（香港：基督教文藝，2004），頁42。

〔註二〕史蒂夫．特納：《想像無限——基督徒藝術創作的異象》，侯意平譯（香港：香港基督徒學生福音團契，2006），頁36。

〔註三〕朱光潛：《文學與人生》，引自潘耀明：〈諾貝爾文學獎與文學的「道」〉，《明報月刊》第491期，2006年11月，頁17。

〔註四〕蘇恩佩：〈基督徒與文藝創作〉，頁58、57。

〔註五〕見《明報月刊》第479期，2005年11月，頁78～79。

〔註六〕梁家麟：〈徘徊耶儒之間——基督教與中國文化的相關研究評介〉，《建道學刊》第5期（1996年1月），頁224。

〔註七〕張曉風：〈基督教文學的語言應用〉，載范鳳華編：《沉睡與清醒之間——話語傳承之美》（香港：基督教文藝，2004），頁27、35。

〔註八〕見《基督教週報》第2158期，2006年1月1日，頁10。

〔註九〕〈中國基督徒作家對真實的追求（上）〉，《導向月刊》第215期，2003年7月，頁30。

〔註十〕梁家麟：《追求成長》（香港：香港基督徒學生福音團契，2005），頁86～87。

〔註十一〕同上，頁93。

〔註十二〕蘇恩佩：〈基督徒與文藝創作〉，頁58。

26 近年含有「基督性」的小說

—引言—

含有基督教信仰的小說，〔註一〕是怎麼樣的小說？也許一般人認為在小說中引用聖經，或是引用聖經的故事，就是含有基督教信仰的小說？例如一九一九年官話和合譯本聖經出版後，對中國現代作家產生的影響，是其中的例子。這些作家閱讀聖經之後，不少作品採取了基督教題材或使用聖經語言。他們不但談論聖經，甚至翻譯聖經，而且借用基督的詞句、感情或聖經故事來表達自己的人文主義思想，把耶穌的命運和形象視為文學所表現的對象。此外，聖經的文本閱讀與接受的過程中，不少現代作家受到聖經文本的影響，在文學創作中開始擺脫中國傳統教誨的模式，力求深入人物心靈深處的矛盾和苦痛。小說中常常描述罪、懺悔、犧牲、救贖與墮落、受難與皈依等，並吸取聖經敘事結構和模式。〔註二〕然而這些小說是否可以稱為含有基督教信仰的小說？一直以來，對這類問題，都是眾說紛紜，很難下一個中肯的定義。本文嘗試從另一個角度——「基督性」——對這類問題作出初步的探討，並且從其中得出初步的定義。根據這個定義，進一步分析近年含有基督教信仰的小說，歸納其中一些特徵。最後，再思怎樣才是含有基督教信仰的小說。

一 「基督性」小說的定義

本文嘗試以「基督性」這個新概念，嘗試重新定義含有基督教信仰的小說。「基督性」一詞，由吳美筠博士提出。吳博士認為「中國文學的基督教色彩」或「中國文學的基督教精神」等講法過於側重文學中的基督教指涉，偏限基督教文化對中國文學的影響，她認為這些講法只能屬於外延範圍的探討。所以，她提出「基督性」，目的在於研究中國文學內延範圍的探討，即本體的研究。她對「基督性」有如下的闡釋：

「基督性」這個詞表述個人對神性的傾聽與言說，除了體現了基督精神外，更表現了作者對基督教義的個人化承傳與理解。這是基督教與中國文學內延（本體）的研究。基督是救主，是認信得救的支點核心，借用「性」字這詞綴作為詞尾構詞語素，附加在名詞之後，使名詞兼負定語的表意功能，表示事物具某類本質、狀態、特點、性能等性向。「基督性」指示一種出自聖神的，與基督的所在性相關的理念。我採用中國文學的基督性這個詞組，使基督教的涵蘊在中國文學未可知的空間上包含可開拓的可能，未可知因為很多文學作品待探討，很多文學作品待書寫生成。有時作者在創作時，有意識或無意識地受聖經的文本或／和基督教信仰啟發或滲透，有機地在作品重現，這卻不單單只視為一種滲進的現象；更可視為上帝介入文學作品中，彰顯祂在文學作品存在的印證。〔註三〕

這樣的闡釋，仍然不能定義怎樣才是含有基督教信仰的小說。的確，「基督是救主，是認信得救的支點核心」，但是這種描述只可以突出信仰的核心，還沒有展現當中的具體特質。其後對「基督性」詞綴的分析，也只能算是描寫，仍是沒有確實的定義。較後部分，關於基督性的理念和創作時受信仰啟發的說法當中不無嶄新的意念，可是要確實證明上帝介入文學作品中，並印證祂在文學作品的存在，必須加上清晰的定義和可供驗證的理論，否則不能得出令人信服的結論。所以，筆者嘗試從初期基督教的大公信仰傳統出發，對含有基督教信仰的小說作出一個初步的定義。

合乎基督教信仰傳統的內容

扼要言之，基督宗教經過第一世紀至第四世紀的發展和多方面的爭論，並且經歷多個大公會議，基督宗教基本的信仰內容已經定了下來，並以三位一體的教義最為核心。怎樣才是含有基督教信仰的小說，不單合乎這段時期的內容，最重要是不能違反三位一體的教義。基督宗教從猶太教而來，在堅持信仰一位神之下，經過許多爭論和多個大公會議，最後定出三位一體的教義，成為基督宗教的核心。在其中確立基督教信仰的神，是三位一體的神。自此以後，無論當時的東方教會或是西方教會，甚至十六世紀的宗教改革以後不同的基督宗派，都普遍同意三位一體的教義，並且一直是基督徒之間的實際共識。簡單而言，我們崇拜的神有三個位格（three persons, *hypostaseis*）和一個實體（one substance, *ousia*）或存有。神是一（一神論），因為有相同的本質（essence）或實體（substance）；神也是三，因為在這位神裏面，有三個不同的位格。雖然三位一體的教義從根本上而言，是一個不能以人的理性完全參透的奧祕，但它仍是真正的基督教信仰所不可或缺的教義。倘若沒有或離開了三位一體的教義，基督教就變成另一個一神論的宗教。由此，它會失去福音的獨特身分，因為基督道成肉身，與神的三一性是雙胞胎。〔註四〕故此，含有基督教信仰的小說不但合乎初期基督教信仰傳統的內容，而且最重要的是不能違背三位一體的教義，而基督在其中有獨特的位置。〔註五〕總括而言，以基督來闡釋怎樣才是含有基督教信仰的小說，是較為中肯的定義，並且用「基督性」來分析在小說中所呈現的「基督」是怎樣的「基督」，也是較為合適的方法。

呈現三位一體中某一個位格的特質和工作

從基本的意義來說，含有基督教信仰的小說，應該或多或少、或深或淺地呈現三位一體中某一個位格的特質和工作；在其中某一個位格的特質和工作，都是彼此相連與合一。至少沒有違背三位一體中某一個位格的特質和工作。三位一體的教義既然包含「一中有三」及「三中有一」的涵義，這就意味這一位神是有不同的特質和工作，然而這種區別仍然包含在一個整體之內。換句話說，位格之間有區別但是合一，同時這位神的每一個位格，都有相同的本質。例如聖父作為世界的根基，承擔創造的工作；聖子作為聖父的啟示者，承擔作為聖父旨意的傳令官與典範的工作，並且成為世人的救贖者；聖靈是神的能力在世上活動的表現，是神的旨意與程序的完成者。但是祂們仍然是合一的。雖然聖父在創造的工作上是世界的根基，但是聖子與聖靈卻在這創造上與聖父同工。聖子作為道（Word），祂成為了創造的原則；藉著聖子，聖父創造了這世界，聖靈亦成了那使世界產生與存在的積極及神性的力量。同樣在救贖的工作上，雖然聖子才是人類的救主，但是聖父與聖靈卻在聖子使人與神和好的工作上與聖子同工。〔註六〕

雖然聖靈是神的能力在世上活動的表現，是神的旨意與程序的完成者，但是聖靈在這些工作中最重要是建立和維持個人與聖父和聖子的關係，讓個人與聖父和聖子更加親密；因此，聖父和聖子也是與聖靈同工。〔註七〕在相同的本質方面，以神是愛為例，這三位一體的神中的「三」，在本質上都包含著愛（參約壹四7～21）。愛是一個關係性的形容詞，是用以形容神會去愛與被愛，神就是「愛」這神聖的本質，在三位一體的神中緊緊地連在一起。〔註八〕所以，雖然在三位一體中每一個位格，都有不同的特質和工作，但是只有一個活動、一個神；並且在每一個神的活動中，三個位格都參與其中。〔註九〕所以，含有基督教信仰的小說，應該或多或少、或深或淺地呈現三位一體中某一個位格的特質和工作；在其中某一個位格的特質和工作，都是彼此相連與合一。

三位一體的神與人的改變所形成的關係

當「基督性」以三位一體的教義作為核心的觀念，其中所注重的是三一的神與人所形成的關係。當然，這些關係離不開以上三位一體中某一個位格的特質和工作，還有其中一些重要的觀念。然而著重「基督性」的獨特性而不忽略聖父、聖靈的特質和工作，我們可以分別從三個位格與人所形成的關係，論述其中「基督性」的意義。

聖父的位格與人所形成的關係，主要是父與子女這種獨特關係。從聖經整體來說，神是全人類的父親，不是一開始就是這樣。聖父從創世之前已是聖子基督的父，最後基督道成肉身，人類通過聖子基督才知道聖父是全人類的父。事實上，明白並接受聖父的父親身分和人類的子女地位，並不是神學的知識或是道德的成就，而是神的禮物。最重要的一點，就是當聖靈將基督為人類在十字架上所成就的救恩，在人的心中成為真實時，人才能獲得聖父為父的禮物。〔註十〕所以，基督所成就的救贖與人願意接受這個救恩，是最關鍵的地方。當人願意接受基督為主，領受這個救恩，這種與聖父獨特的關係才能形成。及後神的恩典、慈愛、保守、管教及帶領等等才可在人的身上發生。總括而言，「基督性」的意義，在於基督與聖父所展現的獨特關係，人從其中藉著聖靈接受基督的救贖，才可產生聖父與人，有父與子女這種獨特關係。

聖子的位格與人所形成的關係，主要是「基督是救主」的關係。基督是救主，惟有藉著祂，人才能獲得救恩，但是這種救贖主與被救贖的關係，除了人願意承認自己的罪和願意悔改，接受基督作為個人的救主之外，最重要的是聖父與聖靈在其中的參與。上面曾提及人類通過聖子基督才知道聖父是全人類的父，這種知道是由基督與聖父的獨特關係而來。如果聖靈不將基督為人類在十字架上所成就的救恩，在人的心中成為真實時，人不能獲得聖父為父的禮物。在被救贖之後，基督作為救主與人作為被救者的關係，也是由聖靈建立及維持。總的來説，「基督性」的意義，在於基督作為救主與人作為被救者，建基在基督與聖父的獨特關係，從而由聖靈建立及維持人與基督之間「基督是救主」這種關係。

聖靈的位格與人所形成的關係，主要在於建立及維持人與聖父和聖子的關係。聖靈的工作，雖然沒有指向自己，只指向聖父與聖子，但是這兩種指向並沒有削弱聖靈本身的獨特性和奇妙。扼要言之，聖靈最主要的工作，是人被救贖後，進入與三位一體的神建立兩種核心的關係，即是信徒常在口中掛著的兩種對聖父與聖子的稱謂：「阿爸，父」及「基督是救主」。根據新約聖經，一方面，正如上面曾一再指出，當聖靈將基督為人類在十字架上所成就的救恩，在人的心中成為真實時，人才能獲得聖父為父的禮物；另一方面，聖靈也使基督作為一個神聖的位格以及祂的救贖事工得以普遍地臨在世界，並使之在個人生命中成為真實的存在。聖靈沒有教導人任何獨立於聖父與基督之外的獨特教義，但是聖靈履行自己的任務的方式卻是極具獨特性的，這正是「靈」的自由。〔註十一〕不過，聖靈這種自我隱蔽和指向聖父與聖子的特徵，並不會削弱聖靈的神聖本質與行事的奇妙，因為聖靈的救贖作用是讓人能夠認神為「阿爸，父」及「基督是救主」。〔註十二〕所以，我們只能聚焦於聖靈作為人與聖父、人與基督之間的中介者，認識祂的主要工作，在於建立及維持人同聖父和聖子的關係。概括言之，「基督性」的意義，在於聖靈建立及維持人與聖子的救贖者與被救贖者關係。

綜合而言，三位一體的神與人所形成的三種關係，沒有一種關係沒有基督在其中。無論人與聖父的父和子女的關係、人與基督構成救贖者和被救贖者的關係，以及聖靈建立及維持人與聖子的救贖者與被救贖者關係，基督也在其中有重要的參與和作用。因此，從以上我們看到基督，在三位一體的神與人類所形成的各種關係，確實存在無可替代的地位。如果運用這些關係，並以「基督性」分析怎樣才是含有基督教信仰的小說，才能產生一個較為適合的定義。

一 分析含有基督教信仰的小說 一

用以上的新定義，進一步分析近年出版的四本含有基督教信仰的小說。這四本小說各有不同的取材和篇幅，以這個新定義加以分析，我們發現不是每一本小說都會提及基督（當然包括耶穌、耶穌基督或基督耶穌）。縱然提及基督，其中所呈現的「基督」有其獨特的含意。若然沒有提及基督，小說則採用王子、基督信仰的力量及祝福、上帝、十字架等細節，或是其他人物、動物來呈現基督教信仰。事實上，小說的作者並不需要直接表達基督；相反，不直接表達基督，其「基督性」就可以更具隱藏性，讓讀者細心玩味，然後得出更深的意義。當然，最基本的分析，無論內容如何，一定不能違反三位一體的教義。然而，沒有違反三位一體的教義，小說所呈現的基督教信仰又是怎樣的基督教信仰？縱然「基督性」不明顯，又是否反證以三位一體的教義及「基督性」來定義含有基督教信仰的小說，是行不通的？如下分析近年出版的四本含有基督教信仰的小說，對以上的問題，將會提供一些答案。

《起初的愛》：以王子與王妃的故事轉化基督的愛

全書九章，除了靈性專題，單單仔細閱讀這九章的故事，呈現的「基督」頗為特別。在小說中的王子明顯是「基督」，而「窮家女」即信徒，也即是後來的王妃。整個故事圍繞王妃，她不自覺地與王子疏離。「殘暴的地主」是魔鬼，牠只能威嚇，不能擄走基督的子民。但是牠用盡言語和威嚇的手段，使王妃離開王子。做了王妃的「窮家女」，有了尊貴的身分，她開始漸漸專注從王子所領受的種花工作，然後只顧自己的工作。及後這個「殘暴的地主」扮成雙目失明的老伯，用花言巧語引誘王妃離開王子。王妃不再被這位老伯威嚇，並且得到由王子差派的小麻雀不斷提醒，不過王妃只憑個人的感覺，尋找返回王子身邊的路。在過程中住宿「初愛果園」，有了新領悟。最後得到青蛙的幫助，王妃回憶從哪裏跌倒，她就從那裏起來，最後回到王子身邊。以上的分析只是基本的內容。最重要還是在其中所轉化的基督的愛，不是那麼簡單。

這份轉化的基督的愛，呈現了多個面貌。首先，是憐憫的愛。小說敍述「王子要憐憫誰，就醫治誰」，〔註十三〕明顯是出自舊約聖經的經文（參出三十三19）。在其中又說到，「這是人人都知道的，但不是每個人都能接受。」〔註十四〕這顯示了基督的愛是有主權，但是人有拒絕的自由。此外，王子提醒王妃：「你要牢牢記住，這個花園是屬於我的，也給了屬於我的王妃。你的心歸給我的時候，花園的祝福都賜給你，並透過你賜給其他人；要是你的心給了別人，一切的祝福也跟著消失。」〔註十五〕這裏似乎意味著當基督徒愛基督的心轉移他人，基督的祝福就不能透過基督徒賜給他人。不過，其後王妃的反應及王子的想法，最直接道出這份轉化了的基督的愛：「王妃很快點頭，表示明白，自從當了王妃後，她愈來愈有自信。王子則不然，他有點不安，但由於一種毫無保留的愛，他要給王妃有選擇的自由，她的心要給誰，他是不能干涉的，更不會加以操控，這就是他的愛。」〔註十六〕這份轉化的愛是基督自己作主，不受他人干擾，並以個人的心如何回應才能賜給其他人，但是接受的人，也有個人選擇的自由。這多個面貌的基督的愛，強調基督的愛的深厚以及讓人有自由的選擇；在個人之中，如何回應，將影響他是否可以把這份愛所帶來的祝福賜給其他人。

在小說中有一個「中介」的角色，與這份轉化的基督的愛相關，並且類同三一神中的聖靈。這個「中介」的角色就是小麻雀。正如新約聖經的描述，基督提醒信徒需要時刻警醒，同樣「王子經常提醒她要時刻警醒」。〔註十七〕但是，在世界中聖靈不斷提醒信徒，並以基督所說過的話為中心。所以王妃向小麻雀發問：「你是為傳遞王子的話而來的嗎？」〔註十八〕小麻雀回答，有獨特的意思：「答案有兩個，是或不是也對。我是王子的信差，你可以叫我小信差。表面看來，我是在傳遞王子的話，但其實我只是提醒你他說過的話。王子向你說過的話，你很容易忘記了，我的職責就是喚起你的記憶而已。」〔註十九〕這裏與聖靈其中一個主要工作相同：建立及維持人與聖子的關係。此外，小麻雀有類似聖靈的自主性。王妃形容小麻雀，「你老是這麼神神祕祕的，來去無蹤。」〔註二十〕不過，小說需要按著情節的鋪排，表現小麻雀的個性：「你錯了，不是你一個人走這路。我是王子差派來作你的同伴，你不珍惜我也算吧。」〔註二十一〕在小說中更描述：「小信差強忍眼淚，深呼吸一下，然後不辭而別，飛到半空上。」〔註二十二〕表現了小麻雀豐富的感情，可以說呈現聖靈對信徒的關心。較後王妃「特別注視的緣故，她看見小信差真的如牠所言，常常都在她附近，並非來無蹤、去無影。」〔註二十三〕

這與聖經新約描述聖靈與信徒的關係吻合（參約十四17）。小說的結束：「沿著小信差的飛行方向望去，王子正站在花園門入口，焦急地等待她歸來。」〔註二十四〕最後暗示小信差的出現是指向王子，如同聖靈建立及維持人與聖子的關係，當然聖靈是指向基督。小麻雀與王子的愛不能分割，同樣聖靈與基督的愛也是不能分割。

最後，這份轉化的基督的愛，可以進一步分析。小說的名稱，是進一步分析的關鍵。「起初的愛」是源出啟示錄二章四至五節，而上文提及「從哪裏跌倒就從那裏起來」也出自其中一節。上文已提及「由於一種毫無保留的愛」，王子「給王妃有選擇的自由，她的心要給誰，他是不能干涉的，更不會加以操控，這就是他的愛。」王妃太注重種花工作，且也太注重他人對她種花的結果，她「為了趕及在雨季前完成施肥，就索性留在花園的工作室裏度宿……」〔註二十五〕當王妃尋找路徑返回王子身邊，她以為聽不見王子的聲音，小信差告訴王妃，王子一直引領她走路；不能聽見，問題只在她心中有驕傲。究竟王妃在甚麼地方「跌倒」？答案是「如果王子的愛可能不怎麼完全，倒不如在其他方面得到滿足。」〔註二十六〕當信徒深切認定基督的愛是完全的，並且放下自己的驕傲，他就能真正領受基督的愛。這是小說中所表現的基督的愛。

《彩虹明天到我家》：呈現基督信仰的力量與祝福

的確，作者用很多近代或現代人的遭遇，呈現基督信仰的力量與祝福。例如其中一位主角李薇，在麥當勞裏身體不適，有一位女孩子主動幫助她：「李薇從鏡子中看到女孩子安詳的臉，她閉著眼，嘴角在動，好像在唸叨甚麼，臉神充滿期盼，按在鼻子上的手很溫暖，她很享受這種關懷，覺得女孩像位天使。」〔註二十七〕這女孩子應該是基督徒，她口中「唸叨甚麼」，應該離不開為這位有需要幫助的女子禱告。另一處的描寫，也是與李薇有關。當她與丈夫發生衝突，她走到街上，在一間教堂的外邊：「一陣歌聲飄來，像仙樂，像她給兒子講童話故事的美妙音樂，那歌聲有一種強大的吸引力，使她尋著歌聲找去。」〔註二十八〕最後，「有股巨大的力量吸引著，李薇不由自主跟了進去，坐在後面。」〔註二十九〕作者以這類情景呈現基督信仰的力量與祝福，並且指向對基督信仰沒有多大認識的人物。固然，我們可以視為聖靈的工作，不過，本文著重「基督性」，因此有必要探討這本小說呈現的「基督性」。

對「基督」的描寫，較為直接的是以下兩段文字：

有位救世主來到世間，一心要拯救身在苦海之中的人們，可是這些凡夫俗子的肉眼卻不認識祂，反倒認為祂是欺世盜名的騙子，加上那些別有用心之人的搗亂、誣陷，最後把祂釘上了犯人的十字架，活活流血而死，但是祂臨死之前，卻讓上帝饒恕他們，說「他們所做的他們不知道」。〔註三十〕

藍藍不理解，問：祂為甚麼要這樣做？那位姐妹說，是因為愛，最偉大的愛就是饒恕敵人，原諒有錯的人。真愛的最高境界是彼此包容、

原諒、寬恕。只有愛才能化解仇恨。就像父母怎會計較孩子的錯呢？愛得愈深包容度愈大。〔註三十一〕

以上是一位有很大經歷的男士對他的愛人，述說救世主的經歷和解釋何為愛。作者以他們獨特的經歷，表現救世主的經歷，並以何為愛來使讀者明白，基督信仰的力量與祝福，在於神以這種愛包容人所犯的過錯。事實上，作者還有兩種方式再呈現這種力量與祝福。

直接提及耶穌表述信仰與以情景來描寫信仰，是小説兩種重要表述基督信仰的力量與祝福的方式。最直接提及耶穌的方式，是出自一位老人家的口：「對，就是信耶穌。耶穌死在十字架上，三天後復活了。信耶穌可以上天堂，得永生。」〔註三十二〕這是上了年紀的人對基督信仰的典型分享。第二種方式以情景來描寫信仰，例如以下的文字，是典型的例子：「夜裏，她夢見自己進到教堂，裏面好光亮，那個十字架好大好大，莊重威嚴，有一股力量衝擊著她，來日本後的所有沉重壓力都消失了，她不用再拚命奔波了，像一隻經過狂風暴雨襲擊的小船開進避風港，享受著平靜、安穩，她甚麼都不用擔心，只要休息、休息……」〔註三十三〕以直接提及耶穌表述基督信仰的力量與祝福的方式，感染力是不高，並且綜觀這本小說，只有以上一段文字，是如此直接提及耶穌。餘下的方式，作者則重以情景來描寫信仰。這種方式，著重基督信仰的力量與祝福，是奇妙的，是人在最不經意的時刻，便會出現在人的生命中。我們可以說，這是聖靈在人的生命中所作的工作，使人經歷基督的救贖，帶給人非常特別的幫助。以下一段是作者進一步的描寫：

夢中，有個聲音對她說：「我的愛能包紮你的傷口，我一路都會陪伴你……」那聲音好溫暖，好甜美，讓她全身震顫，像小時候躺在媽媽懷裏睡覺那般，不，比媽媽的愛還有力量，這愛化解了她的愁怨、委屈……給了她站起來的能力。〔註三十四〕

無疑，作者用力於這方面的描述，是希望以深入的描寫，取代過往慣常以較為直述的寫作方式，表達基督信仰。但是，始終沒有正面、並且以基督與人相交所產生的奇妙作為重心；這就使到小說只能停留於個人的層面，沒有進到基督與人、人與人互相重疊所產生的、更感人的文學性描述。因此，直接提及耶穌表述信仰與以情景來描寫信仰，這兩種表述基督信仰的力量與祝福的方式，都不能增強小說的感染力。

另一方面，小說有意強調，聖經是基督信仰的力量與祝福的來源。「我叫甚麼不重要，重要的是記住那本書名叫聖經。」〔註三十五〕這是直接的描述。「乾媽興奮極了，摟著君燕，指了指上空，說：『孩子啊，一切都是上帝的安排，祂知道你的遭遇，祂看見你的眼淚……來，我給你看這本書。』」〔註三十六〕一個曾經歷文化大革命的老人，憑著聖經，度過容易使人失掉生存意志的年代，在對乾女的分享中，她直接指出聖經有重要的幫助，的確讓人可從中稍稍領會聖經對人的重要。然而，作者沒有引述過一節經文，單單用上人物的經歷作為襯托，實在不能強化基督信仰的力量與祝福。

最後，作者強調只有一條路可以走得通，以此顯示基督信仰的力量與祝福，是無與倫比的。然而，以「基督性」來分析這本小說所呈現的基督教信仰，明顯並不深入。在「尾聲」之前曾寫到：「記住：這世上有千條路萬條路，但能走通的路就只有一條。……上帝是最高的智者，人偏行己路，只能走歪了。回歸真理，才有出路。有基督的生命才能懂得愛，懂得上帝的愛，才能有彩虹般的美麗之家。」〔註三十七〕一頁後的「尾聲」，再次有這樣的句子：「世上可走的路有千萬條，行得通的、最美好的路卻只有一條。」〔註三十八〕先前一段直指另一位女主角曉禾，她與一位中年美國人偷情，來到香港藉探望李薇，借此機會再次與那位美國人鬼混，但是那位美國人不但與她有不軌的行為，並且還利用她接近她的成年女兒，別有用心。這使到她懊悔不已。作者以這個情節再次強調，只有一條路可以走得通，以此顯示基督信仰的力量與祝福，是無與倫比的。作者在小說的結束，對曉禾、那位美國人及女兒彼此的錯綜關係，沒有交代最終的結果，只是以此表達只有一條路可以走得通，從而顯示基督信仰的力量與祝福；無疑這是作者向讀者發出邀請，希望讀者能夠選擇這條路，真的得到基督信仰的力量與祝福。問題在於基督是以甚麼方式，使人可以走上這條路？上文已提及基督以受死和復活，恢復人與天父的關係。在小說中，作者沒有深入呈現這些情況。所以，以「基督性」來分析這本小說所呈現的基督教信仰，明顯並不深入。

《野地果》：以個人生命展現使人改變的上帝

雖然這本小說只有兩次使用「基督耶穌」或「耶穌基督」，其餘的只用「上帝」，或是「天上的父親」，但是在其中仍有一些獨特的意思。首先，人物當中不乏基督徒，例如主角閔小辛的好友「余立基」，諢名「粒仔」。小說以這些文字解釋名字的由來：「聽說那是因為他信教的父母讓他把自己的人生建立基督耶穌之上」（註三十九）（這是第一次使用「基督耶穌」這類字眼）。欣賞小辛的馬老師，不只是為小辛患病的媽媽禱告，而且實際支援小辛，硬塞她一千元。還有暗戀小辛的學長子華。不能不提，是小辛的姑婆。她是有錢人，但是沒有直接幫助小辛一家，而是要她們陪伴自己，按她們生活所需，給她們金錢。我們可以說作者有意借這個人物，表達一個成熟而有智慧的基督徒，應該如何對待自己的親人。這些獨特的意思在於這些人的行為都關乎個人生命的改變；惟有上帝才可以改變這些人，使他們產生善行，甚至使他們有智慧。

整本小說最重要是以個人生命展現使人改變的上帝。最主要的生命改變，當然是主角，同時也與次要的角色相關。故事的開始，小辛才十四歲，身高已一米七，來港前是省隊看中的排球尖子，但是加入校隊也困難重重，而媽媽來港患了抑鬱症，爸爸又失業。按小說的敍述，小辛的性格不屬於懦弱那一類。如果周圍沒有有生命的基督徒，給予她們關懷和幫助，相反是一般輕看新移民又沒有多少同情心的人，小辛的遭遇甚至結果，可想而知。不過，細看小說的鋪排，當小辛向上帝禱告，感謝上帝，上帝就刻意安排一些天使般的人幫助及鼓勵她，使她不但不憤世嫉俗，反而愈來愈堅強，成為小說的名稱：「野地果」。上文已提及她的姑婆，是一位成熟而有智慧的基督徒。小說最後說到：「姑婆上月初在睡夢中安詳地去世了，享年八十四歲。她把近兩億的遺產送到教會的辦學機構去。餘下的幾千萬，她全捐了國內的辦學團體。」〔註四十〕她不關心小辛？不是，她送了一份禮物給小辛，不過由律師保管著，等小辛必須取得學士學位之後才可以領取。以小辛的眼光來看，「她的一生奉獻給教育工作，嘴巴雖硬，心腸卻是極好。安息禮拜還未開始，禮堂裏已坐了六七百人，大都是她以前的學生和同事，還有教會裏的弟兄姊妹。」〔註四十一〕可見小辛的姑婆也是被上帝改變的人。雖然在某方面而言，這些有生命改變的人，只是間接地提及，但是已呈現出上帝足以使人改變，且能使人發出獨特的回應。

主角的生命改變，呈現一份稚嫩的心靈對上帝的愛的回應。在困難當中，她這樣的行動和禱告：「如果此時真有一位事事都知道的上帝來教她怎樣做，該多好啊。她站在亂局中間，輕輕閉上眼睛，口裏無助地說：上帝叔叔，求你幫助我們……」〔註四十二〕她不單有禱告，在值得感謝之時向上帝，同時也向人說話：「她心裏暗暗說了兩句話：『上帝叔叔，您真好；

肅教練，感謝您教我打排球！』」〔註四十三〕這份對上帝的愛的回應，並不會分清是從上帝或是人而來；她只一併發出感謝。在球場上，她希望子華的一隊勝出，不過轉念之間，她又可這樣祈求又那樣思想：「上帝叔叔，請您讓他們贏吧。說完了又覺得上帝叔叔其實也愛看球賽，該不會刻意左右勝敗。」〔註四十四〕當她在心中許願，向上帝發出祈求，她會懷疑這些祈求，算不算禱告：「小辛心裏說：上帝叔叔，我很貪心，這一切我都要，可以嗎？吹熄了蠟燭，她在想，自己剛才在心裏向上帝發出的祈求，算不算一個禱告。」〔註四十五〕她對上帝沒有個人的信念，只懂祈求上帝或感謝上帝嗎？不是。當她被一位國文老師，認為她作文抄襲，她把稿子給馬老師看，馬老師讀完之後，皺起了眉頭，她把稿子還給小辛，雙手按住她的肩膀，說：「小辛……不要難過；可是，我……沒有辦法。」〔註四十六〕她跟著說：「聖經裏有一句話：『伸冤在我』。小辛，你願意把這事交給天上的父親？」小辛點點頭，說：「當然願意——假如真有一位公平公正的上帝。」〔註四十七〕她希望的上帝，是「一位公平公正的上帝」；這是小辛的個人信念。最後，值得注意，她對上帝有一份不淺的信任之情；她親自說出：「牧師說，天下無不散之筵席，只有耶穌基督溫柔的目光，筵席永遠不會散。他說，那就好像你仍然信任著一個久久未能相見的人一樣。這話切切實實地觸動了我。」〔註四十八〕（這是第二次使用「基督耶穌」這類字眼）她已對耶穌基督有不輕的信任，雖然她沒有真正見過耶穌基督，然而她信任祂，「久久未能相見」並不是問題。主角的生命改變，呈現一份稚嫩的心靈對上帝的愛的回應，是獨特的，令人難忘。

若以「基督性」來分析這本小說所呈現的基督教信仰，是不深入的，但是並不表示沒有深刻的含意。小說的對象會對小說的內容造成一定的限制。以中學裏發生的師生故事與中學生的家庭遭遇為故事發展的主線，對象無疑是年輕人。故事以內地的女子（小辛的媽媽）嫁給香港人（小辛的爸爸），及後帶同女兒來港與丈夫團聚為背景。他們生活艱苦是典型的情況，只是他們之間擁有真愛，而且彼此支持，一同面對生活和病痛。小說的名稱就是表達「以野地為家的孩子，必然頑強」〔註四十九〕的信念，小說的主角小辛最後也勝過困難，積極面對生活，沒有誤入歧途，成為一位奮進的青年人，所以叫「野地果」，野地結出的果子。以此對照第一頁的文字：「在陌生的土壤裏堅持扎根、長葉、開花、結果、把濕冷的異鄉變成溫暖的家園」，這種說法，是一反香港男人與內地女子結婚，常常會出現家庭問題的現象。既正面又加進基督徒人物，並藉這些人物帶出使人改變的上帝。按本文的標準，這本小說所呈現的基督教信仰是不深入的，但是並不表示沒有深入的含意。以上的分析，正是這本小說的深意所在。

《鯨魚之城》：人、鯨魚、十字架的互相映襯與隱喻

在小說中，人、鯨魚及十字架，彼此之間互相映襯。愛麗斯是小說中的傳道人，按理在教會的講台上，宣講的是與聖經有關。在小說中有這樣的敍述：「愛麗斯從網上新聞知道鯨魚來了，便在台上跟大家說，『神愛鯨魚，甚至將大海獻給牠們，叫一切信祂的，不致滅亡，反得魚吃』，阿們，

阿們。」〔註五十〕主角阿果等待大家吃過餅，喝過葡萄汁後，問愛麗斯：「你也喜歡鯨魚嗎？」愛麗斯這樣説：「喜歡，耶穌創造的，我全都喜歡。」阿果又問：「他為甚麼要創造鯨魚？」愛麗斯説：「因為要讓人看見鯨魚之後，大聲讚美，説阿們，阿們。」〔註五十一〕作者把約翰福音三章十六節，以「鯨魚」代替「人」，含有代表人的意思。愛麗斯進一步解釋耶穌創造「鯨魚」是使人看見「鯨魚」，大聲讚美。這足以表明人與鯨魚存在映襯的作用，人即是鯨魚，鯨魚即是人。鯨魚與十字架也有密切關係。小説的高潮，在於鯨魚飛上天空之前，鯨魚的「尾巴用力一撐，躍出水面，彷彿要飛上天去，並在半空張開那巨大的雙鰭，像劃一個十字一樣。」〔註五十二〕其後，鯨魚真的飛上天空消失了。這裏作者以此顯示人回歸的方向，只有十字架。人在十字架中才能得到救贖，而鯨魚在十字架裏被救贖了，可以回到「美麗新世界」，即天堂。從以上的分析，人、鯨魚及十字架，彼此之間互相映襯，增強彼此的關係，不但在語言上有新奇的感覺，而且讓讀者有所深思。

此外，人、鯨魚及十字架，也互相隱喻。從主角阿果口中曾有此疑問：「鯨魚啊，你來是要留下跟我們在一起？還是提醒我們，要游出去。尋回歸家的路呢？」〔註五十三〕鯨魚既是人的映襯，也是人的代表，從事實上而言，牠來到香港的水域，只是迷路，但是在主角的心中，甚至在作者的心中，鯨魚代表人，而人找尋回歸家的路，鯨魚正好隱喻人需要回歸，牠提醒人身處的境況。當牠「在半空張開那巨大的雙鰭，像劃一個十字一樣」，之後真是飛上天空消失，然而牠不是從此不再出現，牠透過「無線電收發機」與主角聯絡。以下的對話是小說的高潮：

——你不是見我飛上天空嗎？那顆晨星你是看見嗎？我飛到那兒去了。地球正在衰老，它是一個細胞，不斷分裂，但到第五十次，便不能再分裂下去，要賣鹹鴨蛋了。

——他們不是建議，把垃圾拋到火山裏嗎？地球到時也要掉到火山焚化，一點也不剩。但你們一點也不用擔心。

——有一個美麗新世界，是人手不能創造的，給你們預備好了，我就在這兒。這個新星球，沒有污染，物產豐富，獅子和綿羊是好朋友。你們都可以到這裏來，這裏歡迎所有的人類。

那聲音說。

——我要怎樣到那兒呢？

我又問。

——你有地圖嗎？

那聲音又說。

——地圖？我有。

我喊。

——跟著地圖的指示到這兒吧。我們等著你。〔註五十四〕

當牠去到「美麗新世界」後，牠透過一種奇妙的方式，主動地向主角清晰表達如何才能去到「美麗新世界」。牠也是十字架的話，即是說牠隱喻基督的救贖。聖經清楚表明，人只能從基督才可得救，才可去到天堂。上

面部分的文字，明顯引用聖經，並且以地圖（小說是以這名稱，稱呼聖經）的指示就可來到天堂。所以，在此把鯨魚隱喻為十字架，而十字架的救贖在這具體化的隱喻中得到清楚的表明。人、鯨魚及十字架，這樣的互相隱喻，增強了人與十字架的關係，使讀者藉著這種串連式的隱喻，對基督教的救贖也有一種獨特的領會。

從「基督性」的角度而言，基督與十字架的關係，最為密切；而小說中的「十字架」，更加值得我們注意。上文提到鯨魚的「尾巴用力一撐，躍出水面，彷佛要飛上天去，並在半空張開那巨大的雙鰭，像劃一個十字一樣。」這個「十字」已與十字架聯上關係，但是往後的描述還有進一步的含意：「往海灣的出口看，水平線已經透現出淡淡的紫紅色，天上有許多星星，但都不及水平線上的一顆十字星明亮，它閃耀著，彷佛有個燈塔在那兒，塔裏有人向我們招手。」〔註五十五〕「十字星」本身在北半球的航海而言，有導航的作用。〔註五十六〕這「十字星」也與十字架相關，一方面，它結合先前的「十字」加強十字架的含意。另一方面，它更象徵十字架的方向作用，它如同新約聖經的記載，十字架舉起要吸引萬人歸向祂，並且它被描寫成「閃耀著，彷彿有個燈塔在那兒，塔裏有人向我們招手」，這就指出它更是一種歸宿，在其中更可讓人「居住」。較後的篇幅鯨魚應該在這裏跟主角說，「我就在這兒」，「你們都可以到這裏來，這裏歡迎所有的人類」。所以，在小說中十字架與基督的密切關係，以鯨魚「劃一個十字」，牠後來到「美麗新世界」，而「十字星」方向性指引，更延伸到「美麗新世界」，在其中可讓人「居住」，歡迎所有的人類來到這裏。作者以「劃一個十字」及「十字星」與十字架聯上關係，而且加進「居住」的含意，引伸至「美麗新世界」。我們可以說十字架是一扇門，引導人住進去，在其中得到救贖。作者這樣描述當中的關聯和延伸，大概來說，沒有違反聖經的記載；它只是作出文學性的想像和延伸，藉小說表達作者希望這座城會甦醒，歸向真神。所以，小說中的「十字架」，更加值得我們注意，因為它展現豐富的含意。

最後，這本小說也注重聖經，不過用了一個有隱喻且有實踐意義的名字：「地圖」。當主角向自己發問不少問題，「地圖」這個用詞有特別的含意：「我不禁問自己，哪裏是最美的地方？是馬蹄山、喜樂街、自己的家，還是我居住的這個城市呢？也許阿髮會答，是美麗新世界，一個現在還在孕育，必需我們努力去創造的地方。真難想像那是甚麼樣子的，我深深希望，是那本又厚又重的童話書（愛麗斯說是地圖）裏寫的，沒有眼淚、悲哀、哭號和疼痛，到處像黃金和寶石建造的閃閃生光，又有河流像通透的玻璃，有樹每月結出又大又活潑的果實。」〔註五十七〕在主角眼中是「童話書」，在身為傳道人的愛麗斯而言，是地圖。顧名思義，「童話書」是充滿寓意的書，通常較適合兒童看，寫得好的童話書，成人也會閱讀。這本小說用了童話的筆調來描述聖經，自然使聖經在主角看來，是童話書。但是在愛麗斯和鯨魚看來，是「地圖」，讓人可以根據當中的指示，在現實上實踐，使人最終去到要去的地方。這是「地圖」在小說中所指的作用，具有實踐的意義。更進一步，在小說的結束前，在主角的心中這本童話書已有一種奇妙的作用：「房間打理得井井有條，惟獨書架上少了一本書，我打開背包，將那本又厚又重的童話書放回去，叮一聲，我的房子變得完美了。」[註五十八] 當他甚至這樣說的時候：「或者我可以讀那本童話書，一字一句的發放出去，讓更多人可以聽見。」[註五十九] 接下去就是他從無線電收發機聽到鯨魚的聲音。作者以這樣的情節邁向高潮，目的是突出既是「童話書」又是「地圖」的聖經，並顯示隱喻的作用，同時具有實踐的意義。這種含有雙重作用的稱呼，足以表示作者如何注重聖經。藉此也呈現聖經有它獨特的意思。

一 總結 一

以上對四本小說的分析，已呈現三位一體的教義以「基督性」作為核心的觀念，分析在小說中所呈現的「基督」，有獨特的結果。對《起初的愛》的分析，我們看到不直接表達基督，其「基督性」真的更具隱藏性，讓讀者細心玩味，然後得出更深的意義。當然，最基本的分析，無論內容如何，一定不能違反三位一體的教義。對四本小說的分析，大致上都沒有違反三位一體的教義。沒有違反三位一體的教義，小說所呈現的基督教信仰又是怎樣的基督教信仰？縱然「基督性」不明顯，又是否反證以三位一體的教義及「基督性」來定義含有基督教信仰的小說，是行不通的？如下三方面的綜合論述，嘗試回答這些問題，藉此總結這篇論文。

嘗試開出新角度闡釋含有基督教信仰的小說

用三位一體的教義與「基督性」結合，嘗試開出新角度闡釋含有基督教信仰的小說，確實有其作用。多年來，我們曾經嘗試從不同的層面和方向，定義怎樣的小說才算是含有基督教信仰的小說，然而，總是不能獲得較為滿意的定義。這篇論文的引言，已經指出其中的情況。沒有違反三位一體的教義，小說所呈現的基督教信仰又是怎樣的基督教信仰？大概來說，以上對四本小說的分析，都沒有違反三位一體的教義，但是四本小說都表現不同層面的基督教信仰。《起初的愛》以王子及王妃的故事轉化基督的愛，故事的寓意性較大，使轉化的基督的愛呈現多個面貌。當進一步分析，這本小說所呈現的基督的愛，我們發現有更深的含意。雖然《彩虹明天到我家》以多方面的手法，呈現基督信仰的祝福和力量，但是始終沒有正面、並且以基督與人、基督與天父的種種關係呈現的基督教信仰，所以效果並不深入。《野地果》以個人生命展現使人改變的上帝，雖然較為間接，並且不深入呈現基督教信仰，但是這本小說不但呈現主角那顆稚嫩的心靈如何回應上帝的愛，而且因著作者刻意的鋪排，表達了一些深入的含意。最後一本《鯨魚之城》，以人、鯨魚、十字架的互相映襯與隱喻，在其中加上「十字星」，還有用了具有隱喻、實踐意義的「地圖」作為聖經的名稱，使這本小說呈現較為豐富的基督教信仰。從這本小說而言，縱然「基督性」不明顯，但這並不能反證以三位一體的教義及「基督性」來定義含有基督教信仰的小說，是行不通的。用這個新定義，嘗試開出新角度闡釋含有基督教信仰的小說，確實有其作用。

從分析中得出的特徵

進一步而言，歸納以上的分析，將會對第三方面的綜合論述，有重要的幫助。我們可以歸納出四個特徵。第一個特徵：用故事性的敍述，較能表現基督教信仰某一方面的內容。在《起初的愛》中，作者敍述王子與王妃的故事，當中用了不少情節轉化基督的愛，的確較能表現基督的愛（當然包括聖靈與信徒的關係），甚至信徒在某種情況下，也會離開基督的愛。第二個特徵：用近代或現代性的題材，當然使讀者較易接受，然而只用直接提及耶穌和深入的描寫，並不能增強小說的感染力。《彩虹明天到我家》雖然著力呈現基督信仰的力量與祝福，但是由於作者無論直接提及耶穌來表述信仰，還是以情景來描寫信仰，都沒有深入呈現基督以受死和復活，恢復人與天父的關係；這是基督信仰為何有力量與祝福的根源。第三個特徵：不深入表現「基督性」，並不表示沒有深刻的含意；問題在於作者如何處理小說整體的人物和佈局，呈現甚麼深刻的含意。以個人生命展現使人改變的上帝，是《野地果》表現基督教信仰的方式；這方式並未深入表現「基督性」，然而作者藉著小說整體的人物和佈局，呈現有別於一般香港人對港人在內地結婚、來港團聚的看法，使小說產生深刻的含意。第四個特徵：用童話的筆調寫小說，並不一定強而有力地表現基督教信仰，但是作者能夠匠心獨運，用不同的人、動物、事情和景象作出互相映襯和隱喻，從而表現某些基督教信仰的奧妙。《鯨魚之城》的人、鯨魚及十字架（以劃十字及十字星為代表）就是不同的人、動物、事情和景象，作者把這些東西互相映襯與隱喻，從而表現基督教的十字架和救贖，與人有重要的關係。這四個特徵，讓我們看到這四本小說所表現的「基督性」，不是刻意運用某些技巧就能強而有力地向讀者呈現某些基督教信仰。作者對小說整體的佈局和處理是不能缺少的。

再思怎樣才是含有基督教信仰的小說

最後，當我們再思怎樣才是含有基督教信仰的小說，不能不回答這個問題：「是不是完全符合以上的新定義，才是含有基督教信仰的小說？」對四本小說的分析和歸納，已經呈現含有基督教信仰的小說，因著作者的取材、內容、技巧和讀者，都會呈現較強或較弱的「基督性」，不過當中是否含有深刻的含意，並非取決於此。上面分析過的小說，就包含這些情況。《野地果》以個人生命展現使人改變的上帝，是一個好例子。因此，不完全符合以上的新定義，它仍然可以稱為含有基督教信仰的小說。反過來說，含有基督教信仰的小說，沒有「基督性」仍然可以稱為含有基督教信仰的小說。大前提是，只要這本小說沒有違反三位一體的教義。

這樣的話，這個新定義，有甚麼作用？用三位一體的教義並以「基督性」作為切入點的新定義，至少可以較為深入辨識含有基督教信仰的小說，是否有力地表現某些基督教信仰。從上面對《起初的愛》和《鯨魚之城》的分析，我們較為深入辨識，它們較為有力地表現某些基督教信仰。而對《野地果》及《彩虹明天到我家》的分析，我們也能看到某些方面，不能有力地表現某些基督教信仰，但是不代表其中沒有深刻的含意。基督教最核心的一點，是基督的救贖；如果用三位一體的教義並以「基督性」作為切入點的新定義，能夠較為深入辨識含有基督教信仰的小說，是否有力地表現某些基督教信仰，這個方法筆者認為是一個較為適合的定義。

筆者承認，單單以一個定義不可能令所有人同意，含有基督教信仰的小說就是這樣或是那樣。然而從以上的分析，我們可以看到突出「基督性」對含有基督教信仰的小說，可以產生深一層的分析。這些分析讓我們能夠把小說的內容，作一些深層的審視，從而看清楚，有甚麼元素使含有基督教信仰的小說，可以有力地表現某些基督教信仰。固然，這篇論文，只是嘗試提出一個新角度，再思怎樣才是含有基督教信仰的小說，它不能進一步分析，有哪些元素配合，使含有基督教信仰的小說，更加有力地表現某些基督教信仰。這方面有待將來另一篇論文，繼續探討和分析。

這篇論文是香港浸信會神學院信徒教育部「基督教研究碩士課程（主修傳播學）」的「畢業整合研究習作」。二〇一一年八月二十五日寫成這篇論文，八月二十六日呈交。最後，二〇二一年十一月三十日略略修訂。

註釋

〔註一〕過去的討論，不少文章或論文也曾用上「基督教小說」這個名稱，本文不會採用。因為仔細一點討論，就可發現這名稱並不能產生很大的詮釋作用。引用聖經就是基督教小說？或是基督徒寫的小說便是基督教小說？含有基督教信仰的小說，相對來說，多一點的詮釋作用。至少指出其中需要含有基督教信仰，才可稱為基督教小說。

〔註二〕吳美筠：〈把基督教植入中國文學及文化〉，《時代論壇》第 1109 期（2008 年 11 月 30 日）〔網上文章〕；取自《時代論壇》網頁（https://bit.ly/3xSn4sg）；瀏覽於 2008 年 12 月 13 日。

〔註三〕同上。

〔註四〕奧爾森：《統一與多元的基督教信仰》，李金好譯（香港：基道，2006），頁 121 ～ 125。

〔註五〕筆者同意奧爾森的看法，在正統的三一信念之內，可以容納多元的空間，即某一個版本的三位一體論。參奧爾森：《統一與多元的基督教信仰》，頁 125。

〔註六〕袁海生：《三一神與聖徒羣體——如何在三一神的亮光下回應後現代主義對基督教信仰的衝擊及從事牧養事工》（香港：建道神學院，2004），頁 35 ～ 36。

〔註七〕許志偉：《基督教神學思想導論》（北京：中國社會科學出版社，2001），頁 251。

〔註八〕袁海生：《三一神與聖徒羣體》，頁 36。

〔註九〕許志偉：《基督教神學思想導論》，頁 77。

〔註十〕同上，頁 45 ～ 46。

〔註十一〕同上，頁257。

〔註十二〕同上，頁271。

〔註十三〕黃少芬：《起初的愛》（香港：基督教文藝，2005），頁15。

〔註十四〕同上，頁15。

〔註十五〕同上，頁16。

〔註十六〕同上。

〔註十七〕同上，頁39。

〔註十八〕同上，頁64。

〔註十九〕同上。

〔註二十〕同上，頁99。

〔註二十一〕同上。

〔註二十二〕同上，頁102～103。

〔註二十三〕同上，頁110。

〔註二十四〕同上，頁117。

〔註二十五〕同上，頁37。

〔註二十六〕同上，頁116。

〔註二十七〕劉志平：《彩虹明天到我家》（香港：從心會社，2008），頁100。

〔註二十八〕同上，頁127。

〔註二十九〕同上。

〔註三十〕 同上，頁201。
〔註三十一〕同上。
〔註三十二〕同上，頁372。
〔註三十三〕同上，頁373。
〔註三十四〕同上，頁437。
〔註三十五〕同上，頁204。
〔註三十六〕同上，頁213。
〔註三十七〕同上，頁565。
〔註三十八〕同上，頁566。
〔註三十九〕胡燕青：《野地果》（香港：突破，2009），頁58。
〔註四十〕 同上，頁221。
〔註四十一〕同上，頁222。
〔註四十二〕同上，頁119。
〔註四十三〕同上，頁182。
〔註四十四〕同上，頁215。
〔註四十五〕同上，頁181。
〔註四十六〕同上，頁106。
〔註四十七〕同上。
〔註四十八〕同上，頁222。

〔註四十九〕引自《野地果》的封面。

〔註五十〕梁偉洛（可洛）：《鯨魚之城》（香港：日閱堂，2009），頁169。

〔註五十一〕同上。

〔註五十二〕同上，頁202。

〔註五十三〕同上，頁175。

〔註五十四〕同上，頁215～216。

〔註五十五〕同上，頁202～203。

〔註五十六〕在天文學上有南十字星及北十字星。北十字星就是天鵝座。南十字星，只能在南半球才看到。天鵝座（Cygnus）是夏季星座裏除了天蠍座，最容易一目了然的星座。只要沿著六至九月出現的淡淡之帶狀銀河就可找到，大約是由九顆星星，排列成一個巨大十字形，好像一隻展開翅膀飛翔的天鵝。它恰好和南方十字星相對，一般人俗稱為北十字星座，而日本人則稱為白鳥座。它剛好整個位於銀河帶的中間，在偏東北邊尾巴可見一顆明亮的白色恆星，那就是天鵝座的主星——天津四。參自〈十字星〉，《百度百科》〔網上資料〕；取自《百度百科》網頁（http://baike.baidu.com/view/160786.htm）；瀏覽於2011年8月25日。

〔註五十七〕梁偉洛（可洛）：《鯨魚之城》，頁192～193。

〔註五十八〕同上，頁213。

〔註五十九〕同上，頁214。

中國基督教的《紅樓夢》何時出現？

27 深觸教會心

香港教會的心在於文字，隱隱作痛也在於文字。文字用得好，配合高超的技巧，才能成為傑出的文學。所謂隱隱作痛，總是在許多著作中，偏向理性的、思考性的、辯論性的，惟獨充滿感性的、深刻描寫人性與內心的作品，仍然缺乏。當然理性、思考性的作品，不能缺少，可是深刻地感動人心的作品，需要更多！深觸教會的心，在於有弟兄姊妹運用文字，擁有高超的技巧，寫出傑出的文學，治療教會的心。

我曾作出兩個向神決志的禱告，與運用文字，密切相關。一九八七年三月十四日決志終身寫作事奉神；一九八九年三月十三日，決志為中國思想與文化而努力，寫出相關的作品。在數年前，我把這兩個禱告精簡：對生命的追尋。具體而言，我希望在文學上表達出人生的價值、方向和獨特性！我必須為這個時代重新創造人的形象，而且必須宣揚別人可以用來驗證這個形象的標準，讓人分辨真假。以上是價值和方向所在。至於獨特性，不單在特定的地點與時代中重新發現人與人之間精神交流的經驗，而且揭示人與創造主之間生命交流的經驗。

在此時此地，怎樣達到以上的追尋？惟有願意失去生命，讓神掌管，才能找到上述的生命。聖經說得好：「找到生命的，要喪失生命；為我喪失生命的，要找到生命。」（太十39，《新漢語譯本》）先為神失去生命，反而找到生命；這生命，也不只是在個人的心中發生，同時在香港教會發生。基督帶領香港教會，香港教會的文學也是基督所關注的，而我作為一個肢體，在香港教會中承擔文學創作的使命，同時也是在基督的帶領之下對香港教會作出這樣的承擔。在此時此地實踐以上的追尋，結合這種承擔，絕不容易。

這種承擔，成敗在於我的生命和神的恩典。生命有多深，只能看我對古往今來的經典著作，可以融會多少，同時在這個時代中對各方面的人與事，有多深的領悟；而我的經歷也必然比常人受到更多煎熬與磨練，最後也內化於生命的深處，並且不斷超越，達到一個高峯。神在其中的安排與賜予，絕不可少！如此，我的筆下才可汩汩流出充滿生命的文字，滿有高超的技巧，成為傑出的文學！

我不但懂得教會的心，渴想的是深觸教會的心。我是性急的漢子，並且深藏一股常人難以明白的怒氣，然而筆下卻生出柔情，寫出某種細膩和溫馨，活像一位多情的姊妹，靈動又清純，可以鑽進心田中的幽暗，展現男男女女多種不能透析的深情！這樣的文學，才可治療教會的心，使痛楚減輕。

二〇一四年四月二十六日寫成這篇文章。

28 文學創作的呼召

神呼召屬祂的人，以文學創作來事奉祂，這是不容易的奉獻。事實上，這也是一種「呼召」(Calling)，可是絕少人是這樣想的。同樣，絕少人強調「獻身」於寫作的重要，並且與「獻身」牧養教會的呼召相提並論。從廣義而言，神的呼召不只限於獻身牧養教會。我們應該這樣想：神對每一個奉獻給祂的人都有祂的「呼召」，而每一位基督徒都應考慮他一生的神聖「工作」（vocation）是甚麼？這可以存在於專業的工作上，例如醫生、老師、社工、建築師、會計師等等，同時可以存在於一般的工作上，例如文員、工人、保安員、清潔工人等等。最重要是神在其中呼召他從事這份工作，要他在工作上榮耀祂。當神呼召屬祂的人，以文學創作來事奉祂，為何是不容易的奉獻？

首先從蘇恩佩姊妹在四十六年前寫下〈基督徒與文藝創作〉說起。文章近末，有如下一番的感歎：

在基督教文字工作開始漸漸被重視的今天，我們必須更多強調「獻身」於寫作的重要。這是一種奉獻，一種要付出很重代價的奉獻。讓我們問問為甚麼中國的基督徒，到目前為止，只有極少數人能在文壇上發出有力量的聲音？是否在教會中有歪曲的看法，狹隘的態度？是否因文化被忽略、藝術被輕視？是否因沒有適當的氣氛去培養作家？是

一 否因他們得不著鼓勵、同情和共鳴？

從事文學創作，是一種要付出很重代價的奉獻。正如蘇恩佩姊妹在那篇文章中，曾經指出「這是一個嚴肅的選擇，一個不為人接受的選擇。」所謂「嚴肅的選擇」，是指從事文學創作，不是隨隨便便的選擇；當他選擇了，他要付上的心血，不少於牧養教會所付上的心血。事實上，從事文學創作是一件寂寞和孤獨的事情，旁人無從幫助，而且能否寫出傑出的作品，不能只憑個人的努力，最終要看他是否有天分和神的恩賜，再加上有沒有適合的環境與相應的時代，才可相輔相成，寫出傑出的作品。此外，從事文學創作是一個不為人接受的選擇。當一位基督徒，向弟兄姊妹分享他有呼召，從事文學創作，弟兄姊妹會怎樣想？一般信徒多少會感到意外。如果是教會的領袖，而他們對呼召只有狹義的看法，他們必定認為這位基督徒領受錯誤，要好好地與他長談，糾正觀念。為何神不能給人呼召從事文學創作？不正確的觀念導致不少領袖和信徒，不接受弟兄姊妹選擇從事文學創作。

如同以上所言，縱然教會沒有對「呼召」作狹義的解說，但是對文學創作沒有其他歪曲的看法或狹隘的態度？大致來說，對文學的歪曲看法或狹隘態度，有以下數項：一、對罪的刻劃，恐怕引人犯罪；二、文學會影響基督徒思想世俗化；三、文學只不過是娛樂而已，不須注重；四、在作品中沒有直接表達真理，不值得一讀。只要是以真誠、生命和高度技巧寫成的作品，它們都不會產生以上的情況。無論對罪的刻劃、世俗思想的呈現、有某種娛樂的成分或沒有直接表達真理，它們的目的是讓人從某種角度來認識事物，只要它所呈現的是人生某一時代的真實面貌，這種呈現就具有感染力。以上這些較為正面的看法和以寬廣的態度來看文學創作，希望教會的領袖和信徒可以慢慢了解，從而對文學創作有正確的認識。

文化被忽略與藝術被輕視，這是廣泛的說法。收窄範圍，只從文學來說，我們需要有正確的了解。文學雖是感性的產物，但是不完全是感性的。它著重訴諸人類的感性，可是對感性的刺激，作用在於對事物有更真實的體會，從而讓理性有獨特的把握。文化在文學作品中的呈現，是靠個人的經驗與作家在文字上化腐朽為神奇的表現力，把兩者融合後對某一種文化有一種感性的認識，從而讓人在理性和感性上有更好的平衡。文學的藝術，主要是遣詞造句與寫作技巧的奇妙配合。這種藝術，讓人可以喚起對生命真切的感受，從而豐富生命。因此，輕視文學及相關的藝術，無疑使我們生命缺乏一份感性的充沛。這種缺乏，需要我們體認，才能了解。

要有適當的氣氛去培養作家，也是不容易的。今天基督教的文字事工，仍然偏向實用性或是理性的思考。在香港基督教出版界而言，每一年出版的書籍，當以數百計，可是其中稱得上是文學作品的，屈指可數。所謂有適當的氣氛去培養作家，指的是整體上各教會對作家是否重視，個別層面上，是否有些教會大力提倡文學創作，提供刊物刊登作品。在香港有不少福音機構，其中有多少機構全力協助培養作家？有點氣氛培養作家的，只有湯清基督教文藝獎。每一年他們頒發獎項給有一定水準的作家，藉此鼓勵他們繼續創作。我們只能盼望一些有心人，願意挺身而出，辦文學創作營，辦文學刊物，甚至說服一些出版社支持有潛質的作家，出版他們的作品。培養閱讀文學作品的風氣，在間接上也會對培養作家有益處，因為當閱讀文學作品成為風氣，這些作家一定更有心從事文學創作。

如何使從事文學創作的人得著鼓勵、同情和共鳴？如同以上所論，這三方面並不容易。要鼓勵他們，不是說一兩句話便可做到。鼓勵他們，是要真切地感受他們的努力，知道他們也會有失意或灰心的時候；這個時候給他們鼓勵，才是適切而真實！在同情方面，我們也需要對文學創作有一定的體會，雖然我們不一定能夠寫出一些好的文學作品。當我們喜歡閱讀文學作品，同時也有創作文學作品的經驗，這樣就能同情他們在創作上所付出的努力。當我們有了這種從經驗而來的同情，自然也會對他們的作品產生共鳴。

在那篇文章，蘇恩佩姊妹用以下一句話結束整篇文章：

這一代中國基督徒能否在文藝創作上有成就，有待許許多多拓墾者的努力。

四十六年後的今天，這句話仍然適切。教會的領袖和信徒是否有以上正面的了解？無論是擁有這種呼召的人，或教會的領袖和信徒，需要努力對以上所論，有進一步的了解，並且有實際的行動。如此，擁有文學創作呼召的人，才能更好地完成他們的奉獻，在文學創作上有成就。我們引頸以待，盼能最終看到他們對中國文學產生影響！

二〇一四年四月二十六日寫成這篇文章，二〇一四年五月刊於香港浸信會神學院校友會刊物《牧靈專訊》。最後，二〇二一年十一月三十日略略修訂。

29 如何看得中肯？

擁有文學創作呼召的人，在文學創作上如何看待自己的位置，是迫切面對的問題。從文學創作本身確定它的位分，這是起始點。他們是否了解現在的文字事工？他們是否知道自己要從哪裏切入？他們是否知道自己身處的位置？這些問題，要處理得好，一定要看得中肯。有了這些中肯的看法，他們才能有穩固的基礎，向前走下去。對於基督教文學的發展，才能產生真正的貢獻。

如果從文學創作本身確定它的位分，不能不說它的本質，以及它與文字事工的分別。文學創作，最重要的本質是非功利的。即是說它不是以有甚麼實用性為依歸。它以人類的情感為主，同時在某些情況下也牽涉理性，但是它的表達最後以情感為依歸，且以具體景象的呈現作為最終的目的。因此，如何以具體景象來表達情感是它最大的關注點，而這種呈現往往指向人性或精神世界，目的是讓人對自身或其他處境有深入的認知。這種認知有別於以理性來分析，從而獲得的理解。至於文字事工，顧名思義，以文字為主。在意義上，有較大的概括性質。即以一切與文字相關的事工，都是文字事工，並且以香港教會來說，所謂文字事工，大部分的情況都以傳揚福音或是造就信徒為主，差不多完全是實用性的。因此，文學創作非功利的本質，在一般的教會或機構，實在難以獲得多數人的支持。反觀現在世界的基督教文壇，因著種種原因已經進入嚴冬，而香港的基督教文壇可謂更加嚴寒！然而對於文化的傳承以及把基督教扎根於文化的底層，從而對中國人產生根本的影響，仍須確定文學創作有其重要的位分！

擁有文學創作呼召的人，他們必須對現在的文字事工，有一定程度的了解，才可以有適當的切入。一方面，文字事工漸趨多元化，在廿一世紀的今天，是必然的趨勢；另一方面，文字事工以實用性為主導的方向，仍然牢不可破。所以一開始，一定談論在現實上有何作用。文學創作作為一種傳播的方式，實用性明顯不高，但是從長遠而言，有它重要的影響。因此，擁有文學創作呼召的人，要把握文學創作仍然處於整體文字事工的弱勢，然而，絕不輕看它的長遠作用和貢獻！他們須要堅持，無論情況如何惡劣，他們絕對不輕言放棄。此外，在多元化的文字事工中，不妨互相融合，以顯示文學創作的影響力。只要他們仍然知道，自己在整體文字事工中，有其獨特的位置。

既然他們在不受重視的位置上，他們就應該以他們最感興趣的文體來作為切入點。一方面，發展他們最感興趣的文體，在其中更要追求聖靈的恩賜，使這種文體成為最有力的事奉方式。另一方面，他們要從過去相關的作品，探索他們的作品與過去的作品，有甚麼關係和意義。這是他們最重要的切入點。

二十世紀世界文壇最偉大的作家之一艾略特（T. S. Eliot）曾說：

> 沒有詩人，沒有任何藝術領域的藝術家，可以獨自一人擁有完整的意義。他的重要性，對他的致敬，是對所有和他有關的過世詩人或藝術家的致敬。你無法只看重他一人……當一件新創作產生時，也同時是對過去整體藝術作品產生影響的時候。既存的所有紀念碑，原本自成一理想的次序，現在會被新的創作作品引介而改變。……每一件作品在整體裏面的關聯、比例和價值也都會跟著被重新調整。

對過去所有同類作品作出比較，目的是給他們的作品有一個明確的定位。每一部作品，他人或是自己當然有不同的評價，可是如果沒有過去同類作品作為參照，這些作品便不能有位置的肯定。他們也不能肯定自己的作品，是否對同類作品形成一個新的價值，從而使自己繼續創作的作品，有傳承之餘，並且有開拓下去的可能！當然，他們不容易看到「每一件作品在整體裏面的關聯、比例和價值」；這是須要如同艾略特這位大師的能力，才有可能辦到。不過，至少在個人的層面，他們還是須要以這個方向來衡量自己的作品，才會較容易走出個人狹小的創作天地，以較為宏觀的對比來審視自己的作品。

最後，他們是否知道自己身處的位置？當他們邁向對過去作品的傳承與開拓，他們便容易察看到，他們在那種文體的位置。他們一定吸收過去作品的優點，並且不被當中一些缺點所影響。文體的突破，必然成為他們全力以赴的方向，但是他們的立足點還是他們所專注的文體，數千年來得到的成就。對於面對這時代的問題，他們的作品也須以他們特有的方式作出回應，使作品產生長遠的影響。

以上的看法是中肯的。筆者沒有意圖，認為文字事工的實用性，是沒有作用或錯誤，惟有文學創作才是重要。只是，在過於偏重實用性的文字事工的大趨勢下，須要給予擁有文學創作呼召的人，有較多空間；他們從以上中肯的看法，一步步實踐下去。而這些中肯的看法，最終使他們有穩固的基礎，向前走下去，不被籠罩基督教文學的嚴冬所遮蔽，正如香港著名基督徒作家胡燕青，在三年多前一次專題演講中所分享：「但願我們今日處身的嚴寒，只是春天來臨前的最後的北風。」實踐這些看法，他們能在文學的春天，孕育出豐盛的文學花朵，而不是沒有營養的枯草。因為文學的養分，從來都是出於中肯的看法；在不偏不倚的方向下，文學創作才能茁壯成長，最後結出果實！

二〇一四年十月九日寫成這篇文章，二〇一四年十一月刊於香港浸信會神學院校友會刊物《牧靈專訊》。

30 改良第二人稱敍述的本質

探討如何改良第二人稱敍述的本質，首先我們須要了解，第二人稱敍述的意思與作用。對於中文的第二人稱來說，可分為「你」與「妳」。其實，「妳」是「你」的異體字，專指女性第二人稱。〔註一〕可見「妳」這第二稱，專指女性，不可以用來指男性。至於「你」，是較常用的第二人稱，並且稱談話的對方。〔註二〕如此，這個對方可以是男性，也可以是女性。不過，這是仔細的劃分，一般而言，在閱讀的文本中，只是指正在閱讀的讀者。第二人稱敍述的作用，我們可以從學者危令敦對高行健運用第二人稱敍述的分析，得到不錯的了解：

高行健運用第二人稱敍述，本來為了「將讀者帶進小說描寫的環境中去」，「引起讀者的共鳴」（高行健 1981c:14）。從理論的角度來考慮，第二人稱敍述產生此一效果的主要原因，在於讀者開始閱讀時，很容易與敍述者的第二人稱呼告對象產生認同，誤以為文本呼告的對象是自己，從而進入相應的心理狀況；可是當小說敍事展開後，隨著呼告對象的描寫愈來愈清晰，讀者意識到呼告對象與自己的差別，認同感會逐漸消失。這種認同的心理效果可以持續多久，甚至能否引起共鳴，視乎讀者和呼告對象之間的差異而定。從以上各篇小說來看，讀者比較容易認同的，應為身分籠統的層外外身敍述對象（即敍記外層的聽眾）、身分具體的內身敍述對象（即敍記層的行事者），讀者較難認同。就敍記外層的聽眾而言，〈圓恩寺〉和〈海上〉的聽眾身分含糊，讀者可以進入情況；〈母親〉和〈花豆〉的主要和次要呼告對象都非常具體，而且故事的中國社會歷史背景鮮明，要國外讀者與他們認同，並不容易。〔註三〕

危氏的分析，有其道理，並且進到不同的層面。開始閱讀，讀者被呼告，的確可以「很容易與敍述者的第二人稱呼告對象產生認同」；這是開始的層面。跟著，「當小說敍事展開後，隨著呼告對象的描寫愈來愈清晰，讀者意識到呼告對象與自己的差別，認同感會逐漸消失」；這是問題的所在。如果差異不大，並且逐漸深入之後，讀者在差異之中，可以感受到新的自己，重新經歷一種「本質的轉化」（transformation of essence），在閱讀中經歷一個新的自己。這種做法，未必不可行，問題是作者的敍述能力，能否達到這種有意為之的嶄新效果！固然，危氏另一個分析也不能忽略：「讀者和呼告對象之間的差異」視乎「層外外身敘述對象（即敘記外層的聽眾）」，若是「身分籠統」，「讀者比較容易認同的」；如果「身分具體的內身敘述對象（即敘記層的行事者）」，對於「讀者較難認同」。當然，這種仔細的劃分，有其須要，不過對於一位鋭意求變的作者來説，也不是不可能作出特別的轉化，從而改變這些敘述層次的劃分。當我們留意這些不同的層面，我們可以進一步思考如何改良第二人稱敘述的本質。

從小説創作角度來看，筆者在上述討論，已表達另一種思考。簡單而言，我們從另一些方向擴大第二人稱敘述的內涵及感染力。這種做法，是改良第二人稱敘述的本質，一個可行的方向。事實上，認同感的確始於敘述與讀者之間有甚麼經歷、文化、性格、思考方式的相同。然而，小説作為一種文學體裁，它的用處主要在於感化讀者，使他們經歷特別的景象，感受不同的人生遭遇，從而展開另一種不同的人生思考。如果從極致的描述、〔註四〕深入的隱喻、大時代的集體記憶、正視文革給近代中國人的創傷、〔註五〕不再「為了忘卻而敘述」文革〔註六〕等等方向入手，把「你」引入一種「重新塑造」的敍述，第二人稱的內涵及感染力，應該會增強。關鍵在於作者的意圖，是否刻意但不著痕迹，幻化了另一個「你」，而這一個「你」從直接呼告之中，讀者被「打開」，讓另一個「你」進入讀者的內心，使讀者不曾重視或不敢面對，甚至懼怕改變的表意識或潛意識，可以從這種深入的敍述方式，開啟生命的轉向。

此外，筆者從神話語的特質，得到重要的指引。首先，神話語的臨在，在人身上的情況：

神的説話來臨的時候，與人自己潛意識湧出來的原始衝動不同。後者常常帶著挑逗性、誘惑的衝動，或者嘗試與心靈爭奪決定。而神的説話來臨的時候，那內在的聲音卻是充滿了深度而實質的力量，不用與人的心靈爭辯、説服，而是直指心靈最深處的需要，令人醒覺、震撼。〔註七〕

如果一位與神親近的讀者，當神話語的臨在，他／她的反應會如此：

對於一個與神親近的人，當神在他／她心靈中説話的時候，是會立即引起人心靈最深處的觸動。〔註八〕

如此觸動，情況又會怎樣？

神的説話來臨的時候，也是這樣，不但帶著能力和權柄，而且也立即引發一份與別不同的平安舒暢、甜蜜而充滿一種好像收到自己最稱心的禮物時的滿足。甚至是當神的聲音是針對著你心裏的罪念而發出警告，也是帶著一份關懷和愛意，令你的心靈逃不掉，一次又一次，最後令你在神的愛中降服下來，放下自我。〔註九〕

有一點，我們必須留意：

……縱然神的聲音是透過人的心靈而出現，就好像人自己內心的一種意念的出現。但它並不會與人自己思想出來的意念混淆。因為來自神的和來自人自己的意念，在風格和內容兩方面，都顯然是不同的。〔註十〕

除了以上分析，我們不可忽略個人生命的情況。如果一位作者能夠把握以上各種分析，並且有深厚的屬靈生命作為敘述的泉源，改良第二人稱敘述的本質，才有希望實現出來。因為，若是只從極致的描述、深入的隱喻、大時代的集體記憶、正視文革給近代中國人的創傷、不再從「為了忘卻而敘述」文革等等方向入手，並且真的有足夠的能力做得到，這些結果頂多產生一本好的作品而已。然而，有深厚的屬靈生命，不單較有充分的能力做到上述神話語的特質，而且把握了改良第二人稱敘述的本質，達到最終的目的：直接進入讀者的生命！生命的改變，當然只有神才能做到，文學本身沒有終極的救贖功能。筆者的意思，只是一種特別的媒介，讓神的救贖能力，透過這種文學形式產生「本質的轉化」。

總的來說，我們有先後次序，逐步改良第二人稱敍述的本質。首先了解第二人稱敍述的意思與作用。然後，繼續從極致的描述、深入的隱喻、大時代的集體記憶，正視文革給近代中國人的創傷、不再從「為了忘卻而敍述」文革等等方向入手，擴大第二人稱敍述的內涵及感染力。還有上述神話語的特質，這個重要的指引。那些方向與指引固然重要，但是更重要的，是這位鋭意改革者本身有深厚的屬靈生命，才達到改良第二人稱敍述的本質，最終的目的：直接進入讀者的生命！結果是神的救贖能力，透過這種文學形式產生特別的作用。這種結合，是信仰與文學其中一種特別的相遇。在附記的〈結出這樣的果子〉是一年前的作品，那時候已有一點相關的思考。這篇作品算是筆者在這方面的實踐。

附記　結出這樣的果子

許多年前，當你再次踏足在德國柏林以北，五十英里外拉文斯布呂克女子集中營的遺址，你便想起那些年間無數婦女、青年與兒童關押在這裏，受到種種難以形容的迫害與殘殺。起初，你不能相信那張特意留下的小紙片，因為你無從了解，為何有一些人能夠結出這樣的果子！

回想起來，你不可能不生出一顆悲憫之心！集中營的兩邊，扇形地排列著許多房子，中間是一個大操場。無論是早上或是晚上，或是深夜，只要在做工之前或之後，即使在狂風與暴雨之下，還是烈日與嚴寒之時，只要囚犯的人數不對，所有人必須立正站著。經常用上一整夜的時間，直至找到那個人為止。那種疲倦、不甘、難受與無奈，無人可訴，只有默默忍受，一丁點不悅的眼神，也不可在臉上出現。在心裏，不可能磨滅強行被控制的無奈，多年後的回想，也不能忘記這種不可理喻的惡行。

當你走在圍牆和崗樓，思緒不斷延長與變形，那些影像在眼前出現。

那些鐵絲網上早已豎起一塊小牌子，上面寫著「走進者格殺勿論」。許多不堪受辱與折磨的囚犯，妄想衝過鐵絲網，逃離這個集中營。因為一排一排的機關槍，不出數秒，那些走得很快的囚犯也身中多槍，倒在不遠的地方。在附近的房子，聽到或看到的囚犯，已見怪不怪，還是低頭繼續做著手上的工作。面部的確沒有甚麼表情，但是眼角與唇邊的肌肉，產生幾乎無法察覺的微微顫動，但是只能一現即逝。那份傷感，聚落在心靈某一個角落，漸漸腐蝕身體。你能想像，在集中營的受辱與折磨，連希望逃走的機會也滅絕，生命只能禁錮在肉體之內，日漸枯萎，麻木起來。

時間已不能凝固，倏地又再流動，驟然間鋪天蓋地。在上午也好，或是別的時間，操場上，突然間隔步就有一個德國納粹士兵，荷槍實彈把整個操場圍了起來。他們嚴陣以待，目的是等候駛進的軍用卡車，把眾多婦女、青年人與兒童轟下來，推撞她們，使她們在操場上直立地站著。德國軍官，聲色俱厲，會喝令所有人，脫掉所有衣服。不服從的人，定然被士兵，以皮靴猛踢，槍把狠打，傷痕累累，頭破血流，倒在地上。又再受到大喝，快快站起來，這些軍官用更惡狠狠的眼光，盯著那些不脫衣服的婦女。在核對人名之後，把她們拉出來，即時開槍，殺死她們。倒在地上的心，已不再跳動，倘能幸存的心又能怎樣？不斷憤恨，再憤恨？將來又如何？沒有人跟你說他們會有深深的悔意。

接下來，你再看到赤身露體，深感羞恥的婦女、青年與兒童，在恐懼中掙扎。軍官又發出命令，兩個人一組，互相剪掉對方的頭髮。即時士兵拿出剪刀，發給所有人。很快的，她們都剪掉頭髮。那些軍官笑吟吟的，仍然聲大如雷，喊出：「從妳們一進門口，我就聞到妳們身上散發著討厭的臭味。現在可以到那個浴室好好的洗澡！」那些士兵的臉上，帶著陰險的笑容，把人羣再次轟進了一個很大的「浴室」！你彷彿擠進她們中間，跌跌撞撞，幾乎倒下，不由自主進入這個從來沒有人可以再行出來的「浴室」。

你雖然身穿衣服，但是與她們擠進「浴室」，身上的物件，顯然幻滅，心中怒吼。進到「浴室」，她們發現這間屋子不是淋浴間，頓時出現大叫大喊，騷動不已。就在此時，屋頂上的小鐵蓋突然打開，有人從上面扔下氫氰酸毒晶體，裸體的婦女開始瘋狂地直衝門口，可是那是堅實的大鐵門，她們無法打開。毒氣發作，有的使勁地抓著自己的頭髮，甚至抓瞎自己的眼睛，血淚泉湧；也有人，在下體流出尿液，臀部也湧出糞便。最後，每一個人也全然倒下來，再沒有掙扎。身外的軀體沒有半點動靜，身內的心靈全然怒吼，經歷數十年仍然不能停止。

因為，以上只是其中一小部分的迫害與殘殺，還有她們在房子、各種工場所受的，沒有人理會的飢餓、沒有人可憐的疾病與沒有血性的活體實驗。倒下的身體，不計其數！你一再回望，她們失去生命，不能視為巧合的事，然而這些無奈、傷感、絕望、憤恨、恐懼與怒吼，何時才可終止？

你只能魂牽夢縈，不斷目睹，那些婦女、青年與兒童的孤苦與無助，眼淚不期然一滴一滴從眼角流下來，嘴唇緊緊合上，面容也扭曲，不能不痛哭起來！她們被人強奪生命，固然使人悲痛莫名，但是在內心，你一直怨恨，詛咒這些冷血的兇手，就可以把所有痛苦消除，不致自我毀滅？你向耶穌求助！就在此時，你在一個小女孩屍體的旁邊，發現有一張非常破舊的小紙片。你把小紙片放在手心，凝視起來，然後跪在地上。你注視耶穌。原來，人可以愛敵人，而且可以善待他們，祝福他們，甚至為他們祈禱！這張小紙片所記載的，是用這樣的生命才能寫下的禱文：

主啊，不要只是記念那些心地好的男女，也要記念那些心地不好的。但不要記念他們所加諸於我們的所有苦痛，相反，要記得我們因著這些苦難而結出的果子：我們的團契、我們忠誠相待、我們的謙卑、我們的勇氣、我們的慷慨，因著我們所遭遇的困境而生出那偉大的心靈。當那些逼迫我們的人被你審判時，就讓我們所結的這些果子，叫他們能得著寬恕。〔註十二〕

許多年後，當你不再踏足在德國柏林以北，五十英里外拉文斯布呂克女子集中營的遺址，你便想起那些年間無數婦女、青年與兒童關押在這裏，受到種種難以形容的迫害與殘殺。最後，你仍然不能忘記那張特意留下的小紙片，因為你經過多年的掙扎，並且不斷求耶穌幫助，已經明白，為何有一些人能夠結出這樣的果子！

二〇一六年九月九日寫成這篇文章，二〇二一年五月六日略作修訂。最後，二〇二一年十二月二十二日再略略修訂。附記：二〇一九年六月十四日，以「『魔幻』寫實之一」的編排在《有人寫字》網站刊登。二〇一五年九月四日寫成這篇小說。

註釋

〔註一〕《朗文中文高級新辭典》（香港：培生教育，2001），頁 513。

〔註二〕同上，頁 124。

〔註三〕危令敦：《一生二，二生三——高行健小說研究》（香港：天地圖書，2013），頁 118 ~ 119。

〔註四〕在附記中那篇〈結出這樣的果子〉，是我這方面的嘗試。當然，這篇小說未能完全做到，但是至少可以作為初步的試驗，在日後加以改進。

〔註五〕羅菁：〈中國人有懺悔意識嗎？——剖析中國當代文革小說〉，《阡陌》第六期，2015 年 9 月 15 日，頁 51 ~ 57。其中提到懺悔的重要（頁 57），這是正視文革給近代中國人的創傷其中一個重要元素，不可忽略。另一個重要元素是寬恕。

〔註六〕有興趣的讀者，可參閱許子東：《當代小說與集體記憶——敍述文革》（台北：麥田，2000）的研究結果。

〔註七〕溫偉耀：《基督教與中國的現代化：超越經驗與神性的尋索》（香港：基督教卓越使團，2001），頁 139 ~ 140。

〔註八〕同上，頁 140。

〔註九〕同上。

〔註十〕同上，頁 141。

〔註十一〕鳴謝張略博士允准引用他的翻譯。

31 小記決志奉獻寫作三十年

三十年前的今日，是一九八七年三月十四日。當天的下午，我在一輛公共汽車上，看著《魯益師的心靈世界》。當時，我想到沒有魯益師的天才橫溢，但是願意決志終身以寫作來事奉神！今日剛好三十年。這條寫作事奉的道路，大概走了一半，寫作的成績如何？我不敢說。我盡了全力？不算。沒有用心寫作？不能算沒有。粗略一想，文章的數目，不在三百篇以下，字數近一百萬字。用了的時間，有數千小時。未來若有三十年，盼望能完成〈一生寫六書〉的六本作品，還有其他想寫的書籍。如果可以如此，我離世前可以留下二十本作品！

最後要說，這三十年來，我差不多沒有停止寫作（事實上，的確曾有三個月，沒有寫作）。不少時候，我曾希望有些人可以鼓勵我，甚或稱讚我。然而，很少人鼓勵或稱讚我。更沒有人，長期鼓勵我。失望了，我只能靜靜地繼續寫作！在其中，神不斷給我恩典與能力，一點一點地進步！我深知距離當代一流作家的水準，仍然很遠很遠。因此，我仍然靜靜地寫作，並且努力閱讀，不斷深思與默想我所寫和我所看的。只是，不少時候，我不能較多陪伴內子少貞，這是我的虧欠！

以上算是小記。面向未來，我仍然靜靜地寫作！

附記

志華的賀聯：

謹送上對聯一副，鼓勵建良：

寫作終身　三十年前萌大志

著書傳世　萬千字裏見神恩

艾阮的鼓勵：

三十年，不簡單！昔日孤軍作戰，如今有同路人，神總有恩典伴隨，少貞也是神賜的恩典之一。

毋忘初心，繼續努力！

二〇一七年三月十四日寫成這篇文章。

32 何時才有一流的基督教文學？

在香港基督教羣體裏，探討文學已經非常困難，現在要進一步論述基督教文學，並且集中這個問題：何時才有一流的基督教文學？筆者相信這個探討，極少人關注。然而，筆者仍然願意探討，嘗試闡釋這個問題的底層，是怎樣一個面貌。藉著這個闡釋，希望對這一代有志於文學創作的基督徒，有一些重要的提醒，甚至喚醒這一代人。

事實上，有培訓的機構已經注意這方面的問題。近年在某一個課程，有如下感歎：

> 現代基督徒對基督教文學知多少？為何現有的華文基督教文學常給世人第二流的印象？難道呈現上帝和信仰的寫作，不應用第一流最精煉、最優美的文字來呈現？

對於重視或投身基督教文學創作的人，一定異口同聲地說：呈現上帝和信仰的寫作，一定要用上第一流最精煉、最優美的文字！這些人心口一致地說出以上的話，但是在現實上，數十年來能稱為一流的基督教文學作品，真如鳳毛麟角！為何這樣？

首先，從基督教文學的定義說起。怎樣才是基督教文學，已經討論數十年，總沒有一個統一的了解。因為要下一個統一的定義，在人文學科中，根本並不存在。「基督教文學」這個命題，當然不能幸免。但是，我們仍需要較為清晰的目標或方向，才能繼續向前。以下是較為簡單卻來得清晰的表述。

無論具體的內容是怎樣，或是採用甚麼文體，「基督教文學」必然是表現基督信仰的文學。若完全與基督信仰沒有任何直接或間接的關係，怎樣也不能稱為「基督教文學」。而文學之謂文學，在一定程度上，它擁有獨特的內容與文字運用，與一般學術論文或反省文章，始終有別。不單香港，在其他華人地區，大多採用「文字事工」來概括所有用文字作為傳遞的事奉。文學自然包括其中，可是也埋沒其中。筆者無意強調文學是超越其他的文字事工，只是重伸表達：文學有它固有的文字與技巧，不能與其他文字事工完全等同。如果一位從事「基督教文學」創作的人，沒有這樣的分辨，他的創作就有失焦之嫌。他的作品，就不能稱為「基督教文學」！

其次是天時、地利與人和等問題。過去五年，在香港基督教有五次文學營；每次有不同的目的與內容，而講員有來自本土，也有來自美國。參加的香港弟兄姊妹，人數大約由十多人至四十多人不等，而多位弟兄姊妹參加這些文學營也不少於兩次，甚至有一位弟兄出席了五次文學營。二〇一四年十一月創刊的《阡陌》文學雙月刊，似乎對香港基督教文學的發展，給予極大的鼓勵。可惜，去年十一月《阡陌》停刊，而明年香港基督教沒有第六次文學營。在香港最著名、最鼓勵香港以至海外華人的湯清基督教文藝獎，自從二〇一五年七月開始停辦，今年更在相關的網站刪除該部分的欄目。當然，有關的神學院，由於種種原因，停辦這個文藝獎，我們無可厚非。無論如何，這至少讓一小撮從事基督教文學創作的人，大感挫折。從以上可見，現在香港基督教文學的發展，幾乎沒有天時、地利與人和的配合。只有個別的刊物，例如《基督教週報》，可以刊登一些文學的作品，但是，篇幅只能在一二千字之間，對於鼓勵文學創作，只能說成效不彰，卻又彌足珍貴！

綜合而言，基督教文學創作，惟有聚焦個人層面，才有發展的餘地。如果我們只看周遭的環境，幾乎全無發展的可能。我們就此放棄？如果是神的呼召，筆者沒有異議。但是，只看環境就放棄，筆者就不能認同。事實上，何時才有一流的基督教文學，不是十年二十年的努力就能夠產生。至少兩三代人的努力，並且一定是十分自覺的人，再加上一生的努力，才能產生這樣的作品！因此，在個人上，我們只能終身堅守自己的召命，盡上所有能力，在神的恩典下獻上一生，並且無怨無悔。

我們決心終身堅守自己的召命，那個「何時」就有豐富的意涵。如果只看現在的種種情況，最終只能讓人放棄；如果不看那些情況，仍然不怕寂寞，甘心默默獻上一生，雖然「何時」仍然不能指日可待，但是在數十年後，一定會出現一流的基督教文學！你的召命若是從事基督教文學創作，甚願你繼續走下去，至少有筆者與你同行。而下一代，下兩代更需要我們！

你是否期望一流的基督教文學出現？抑或如同過去數十年，大部分的基督徒一樣，對貧脊的基督教文學毫不關心？基督教文學對於文化的鬆土與中國基督徒生命的成熟，有很大的幫助，我們不能完全忽略。藉著以上的闡釋，希望對這一代有志於文學創作的基督徒，有一些重要的提醒，甚至鼓勵。筆者也希望喚醒這一代的人，繼續盼望，終有一天，我們有一流的基督教文學！

二〇一七年十月二十日寫成這篇文章。二〇一七年十一月十二日在第一五七六期《時代論壇》「眾議園」刊登。最後，二〇二一年十二月二十二日略略修訂。

33

進入永恆的神蹟

在神的心裏，任何地方、任何時候，都可以發生神蹟。許多時候神蹟的發生，在人生艱難或困苦的時候，例如患了重病或生命受到威脅。也許，最普遍的情況，是生命遇到不能勝過的困難，我們就會祈求一個、甚至多個神蹟，讓我們可以平安地渡過。這些經歷是否已經非常特別？在一些人的生命中會更為特別。因為他們的生命，可以不斷發生神蹟！

這些神蹟一定有連貫的性質，卻不一定是上一個神蹟大過下一個神蹟。因為神蹟的發生，在生命的不同層次就有不同意義。是深是淺？或大或小？其實莫衷一是，言人人殊。最奇妙的，有一種神蹟，在生命中不斷更新，並且延及許多人。他作為一個活生生的人，不單有神蹟，更可以進入永恆。我只是其中一個例子。作為一個有意識的神蹟，我的經歷就是一連串的不可能、一連串的奇妙。

起始於兩個日子。一九八七年三月十四日，是風和日麗的日子。下午時分我在一輛公共汽車上，看著《魯益師的心靈世界》。當時，我只想到沒有魯益師的天才橫溢，但是心中願意決志，往後一生以寫作來事奉神！過了三十三年的歲月，神一步一步引導和開啟，有不少「領受」和「看見」。循著這些「領受」和「看見」，不斷寫成文章，寫成小說。第二個日子，是一九八九年三月十三日。這天晚上，在唐崇榮牧師一次講座後的呼召中，我進一步決志為中國的思想和文化，貢獻自己的力量，在其中改善缺點與突破困境。因此，這三十多年的學習和思考，不期然對中國思想和文化有較多注意。我也意識到文學創作，在某些層面上會牽涉思想與文化。注意這兩方面的融會，許多神蹟在心靈中產生。這兩個日子，一直使我紀念，也使我感恩，更使我自知不足。其他神蹟也相繼發生。

首先是對生命本質的領悟。生命是借來的、短暫的、依賴神而且由神支配的。人不能延長靈魂的生命，也不能毀滅靈魂的生命。人可以自殺，毀掉人的肉體，卻不能毀掉人的靈魂。再進一步，我領悟到生命是由神所賜的。祂能夠收回生命，更能救贖生命，使生命復活過來。因此，生命本身既是賜予，而且是暫時借來的，人就要徹底領悟生命的主權是完全屬於神的。人只能在神的恩典中，不斷謙卑和順服；當然，完全的謙卑和順服，不會一蹴而就。這種看似完全出於主動的追尋，究其根本，不是自己付出多少，乃是在借來的、短暫的、依賴神而且由神支配的生命中，讓神充滿和使用。我體認了，更在生命中生生不息。

在寫作上展現人生的本質。這個神蹟有三方面：深刻地展現人生的價值、方向和獨特性。美國評論家泰特（Allen Tate）指出作家在現代世界中應負的重任：「他必需為他的時代重新創造人的形象，而且必需宣揚別人可以用來驗證這個形象的標準，以分辨真偽。」以上是價值和方向。至於獨特性，以下一句只能表達其中一個重點：「在特定的地點與時代中重新發現人與人之間精神交流的經驗。」我的信仰，深刻地向我揭示，除了人與人之間精神交流的經驗，最重要的是，人與創造主之間生命交流的經驗！在寫作之前，我有深切的體會；這個神蹟在這裏發生。

另一個神蹟，是在被賦予的生命中成為呈現真實生命的作家。只能在奉獻中才能獲得更多的生命！這就是主耶穌在馬太福音十章三十九節所說的：「找到生命的，要喪失生命；為我喪失生命的，要找到生命。」（《新漢語譯本》）在文學創作中就是追尋這種被賦予的生命。神賜我充分的文學水平，又能自然地就成為讀者的部分。如此呈現真實生命的作家，才能真正影響世界。寫作《罪與罰》、《卡拉馬佐夫兄弟》的杜斯妥也夫斯基，還有《安娜．卡列尼娜》與《戰爭與和平》的作者托爾斯泰，都是呈現真實生命的作家。我不能與他們相比，可是神的心意，使我與他們並列。

在作家的想像世界，也有獨特的更新。一個人從決志相信耶穌開始，他的生命可以不斷更新；身體會日漸衰老，但內在的生命可以一天新似一天！並且他以天國為最終的歸宿，所以他存在的現實世界是一而二的。從另一方面來看，天國不是等到死後才會臨到，而是從信主的一刻便開展，又從個人至羣體，最後更達到普世；最終，當然是天國的降臨。故此，這個現實世界又是二而一的世界。其中當然包括生命和現實的種種掙扎和蛻變。這個一而二又二而一的世界，比起中國傳統的想像世界，更完整、更有意義！

這個不能截然劃分的一而二又二而一的世界，是從一個「乾淨」的根源而來。這個「乾淨」就是耶穌基督。耶穌基督，獨一真神的兒子，道成了肉身，有完全的神性，也有完全的人性，從來沒有犯罪。人間世的「骯髒」，只要那人與祂的生命不斷結連，「骯髒」也能真正成為「乾淨」。更精彩的地方，是其中產生「既濟未濟」的張力。這些人雖然開始成為「乾淨」，但是仍然存在不少骯髒（無論是人的軟弱、老我或是再次犯罪等等）；這種已開始脱離「骯髒」卻又有某程度的「乾淨」，在自覺或不自覺裏，都成為一股張力。簡單而言，這兩方面的拉力，互相較量，這段時間偏向一面，那段時間又偏向另一面。當天國臨到，一切都完全了！

正確地表達「生命的真實」的神蹟，也是缺不了的。普魯斯特（Marcel Proust）《駁聖伯夫》（*Against Sainte-Beuve*）有這些話：「那些內在於我們的、朦朧不清的畫面，宛如記憶中的一段旋律，一段無法重新捕捉其音符，卻曾經給我們愉悦的旋律。這種朦朧的真實的記憶，他們從來就沒有弄明白，卻沉浸其中。」以上是「生命的真實」一種詩意的表達；我稱為「生命的真實」的重現。然而對「生命的真實」來説，有真實也有虛假；能夠洞悉兩者的幽微，是一種神蹟。這種神蹟的發生，只能活出一份對神和對自己的謙卑，以及不斷受聖靈感動、不斷延伸一種深度的自覺。在筆下自自然然會顯出真實和虛假，又相生相剋的屬靈深度！

在生命中的自我，我發現「耶和華是我的讀者」成為單一的寫作對象。

從表面來看，它只是基督徒寫作的方向。作為基督徒作家，我對上帝忠誠，固然必需，也要精細思考自己的信仰，並且把信仰生命和個人的創作藝術結合在一起；再加上這一句，一定更好。作品，當然要拿出來公開發表，使當代及以後的讀者，可以一再閱讀，產生影響。後來我發現，以神為自己的讀者，成為單一的寫作對象，對生命中的自我不可或缺。事實上，神最認識我們，而我們由心靈所出的一字一句，祂從開始到終結都知道；可以說比我們認識這些文字更深更廣。祂是第一位讀者，而在漫長的一生中，祂也是最終的讀者。有些讀者會忘記，耶和華作為讀者，祂一定不會忘記。如此，我要用何等的虔誠，來呈獻我的作品，讓神閱讀！我相信只能用絕對的謙卑，俯伏在神面前，才不會在戰兢中失控，不知所措！因此，我可以說「耶和華是我的讀者，我必不至驕傲」，也是另一種奇妙的神蹟！

還有，在我筆下具體地幻化彩虹與風的神蹟。三環的彩虹，從上面降臨，從下面而上，又或是橫空飛來，不知往哪裏去。情況與形式各異的陣陣氣息，在人們的混亂、煩躁和無奈中緩緩降臨，湧進全身。又是光芒四射，也是波浪震顫。光芒四射是金光，是光明，其實是照耀人的臉上使人有生命有溫度，心不再冰冷；相反，產生極大的感染力。波浪震顫是暖風，是火焰，其實是湧進人的內心使人有更新有蛻變，靈不再死寂；相反，產生極大的生命力。人看見了，人感受到，他們的靈魂就被融化，被擴大，被塑造；他們的自我已不再一樣！在我具體的筆下成為不可思議。

在我生命中結合以上一切，最後進入永恆。如同但丁在《神曲》的《天堂篇》最後的一章，獲得神的恩典能夠親眼目睹三位一體的奧祕。我不藉著貝爾納向聖母瑪利亞禱告，求她給自己幫忙，才可目睹至高的欣悅。神直接使我雙眸向永光上馳，在抬頭仰眺之下，視力已趨澄明，射入了崇高而自真的真光裏，向著更深更高處騫舉。最後看見光芒深處，宇宙萬物合成三巨冊，用愛來訂裝。凝望間，我的目力增強，見高光深邃無邊的皦皦本體，出現三個光環；三環華彩各異，卻同一大小；第二環映自第一環，第三環如一二環渾然相呼的火焰在流轉。那時，向著第二環諦視有頃，在光環本身的華彩上，看到了人類的容顏。我一定也是苦苦揣摩，仍無法明白，人類的容顏怎能與光環相配而又安於其所。也如同其他相同遭遇的人，幸虧我的心神被靈光燿然一擊，願望乃垂手而得。至此，神思再無力上攀；吾願、吾志，已見旋大愛。那大愛，迴太陽而動羣星！這是在肉身復活中，永恆在眼前奇異的展現。〔註二〕

作為活生生又有永遠生命的神蹟，是非常奇妙的。如果神垂聽我的祈求，我深願能在人生的終結，寫成多本作品，留下人間。我不斷祈求，至少其中有一本是傑作在人間流傳，成為一個「奇異的世界」！我深信在其中它闡釋了聖經其中部分的課題。我影響了一些人，可以進入神在人生命中某一層面的奧祕。這奧祕是較少人可以領悟的。他們從我這些著作中領會了那種他不曾想到的生命奧祕，他們的生命被聖靈改變，表現出令人詫異及奇妙的生命。我只希望我的作品是一個路標，指向當代及其後的人，走進神所命定的某些道路，榮耀主名。我就於願足矣。

我們甚少如此看待自己生命，把自己看為一個神蹟。我在其中又包含以上各種神蹟，最後又能一起進入永恆。然而這種神蹟，根本就是我們基督徒的生命。因為基督徒的生命根本就是一個神蹟。也許從創世以來，人類離開了神就不斷需要這個神蹟。我只是作為其中一種神蹟，用以上種種方式來表達當中的情況。作為一位小說家、文學研究者和靈性抒寫的作家，我究竟擁有怎樣的生命？恐怕在日後的作品裏，方可清楚呈現。說到底，我幸運地能與文字結連。

總的來說，我們每一個相信基督的人，都是進入永恆的神蹟。儘管每一個人的神蹟並不相同，也有不同的層次，但是總有其特別的地方。我們總是一個進入永恆的神蹟！在神國的異彩中，我們看見許多進入永恆的神蹟，綻放出令人意想不到的奪目光彩！我們目不暇給，只能極度讚歎，無話可說。那時候，也是我們親眼目睹三位一體的奧祕。還有神對人類的大愛；那大愛推動宇宙萬物，運行不息，同時在我們的生命中成就以上一切！

二〇二〇年三月二十日寫成這篇文章。最後，二〇二一年十二月二十二日略略修訂。

註釋

〔註一〕參自但丁·阿利格耶里：《神曲3：天堂篇》，黃國彬譯註（台北：九歌，2003），頁505。

34 寫作、禱告與仰望

多年來我在寫作前，甚至在寫作後也會向神禱告。更多時候在每篇作品的漫長寫作中，我也不斷禱告與仰望神，不斷求祂賜下恩賜和能力。當然，閱讀書籍在這過程中是少不免的。我從不同種類的書籍中思考各式各樣的思想，也從不少小說中學習多姿多彩的敍事技巧。閱讀那些小說，我常常驚歎二十世紀很多著名的作品，為何寫出如此精彩的人情世故與複雜生命。最後，沒有違反聖經真理的情況下，如何把它們融入自己的作品，是最大的困難。因此，我常常仰望神，使自己能寫出更好的作品。近期我的寫作、禱告與仰望有了新的震撼，在心靈中留下不淺的烙印。

在寫作上我的確有自己的方向，極少受他人的影響。但是近期從《整全的醫治》裏，看到下面一段話，在心中砰砰的跳了兩下，因為我的作品在不知不覺中正是朝著這個方向：

> 基督徒作者經常需要描述真理，以符合所見世事的實體與真相，並且營造出一些意象，成為當今世代與上帝自我啟示的中介。

似乎極少基督徒作者了解這個描述的重要。筆者認識一些也是寫小說的基督徒，雖然他們用心創作，充滿探索的方向與無偽的感情，但是在作品中沒有多大的意象，可以成為當今世代與上帝自我啟示的中介！事實上，熾熱的屬靈爭戰已經開始，牽涉的範圍不但是基督徒的文學創作，在其他藝術的工作也受到嚴重影響。我們需要注重這個描述的重要！

同一時間我看到下面的禱文，與上面的話有不少地方可以互相對照與深化：

原來新世紀的戰爭，已非上世紀兩次世界大戰槍林彈雨下的肉搏戰，而是一場又一場沒有刀光血影的意識之戰：不同價值觀、世界觀、宇宙觀、人生觀的較量和攻守之戰。父啊！我們是否處於這世紀重重靈界爭戰的氛圍裏而不自知？饒恕我們的遲鈍沉睡！我們的筆沒有磨利，我們的言語乏力。當萬物的結局逼近，懇求祢使我們的靈魂甦醒，謹慎自守並警醒禱告。阿爸！祢至終讓我們認清一個事實：勝敗關鍵，不在乎仗賴多少馬力腿力勢力勇力，而是擁戴祢為我們屬靈戰役的軍師。黎明前，容我宣告：耶和華是我的亮光，是我的拯救，我還怕誰呢？耶和華是我性命的保障，我還懼誰呢？

筆者怕的懼的是自己的寫作，在不自覺中走歪了，失去以上意識與懇求。我們忽略了多少沒有刀光血影的意識之戰？更重要的是我們自知處於這世紀重重靈界爭戰的氛圍裏，卻不盡力補救？其實意識了，更求神饒恕我們的遲鈍沉睡，是沒有甚麼作用！如何磨練我們的筆？又如何提升我們的語言能力，才是我們迫在眉睫的行動。我不反對擁戴神為我們屬靈戰役的軍師，但是我更要向神切切禱告，求神給我們異象，使我們的作品能達到上面那個重要的描述、深化的意識與懇求！

如果我們沒有走歪，也沒有失去以上所言，我們也需要切切地仰望神。因為我們現在極需根據真實基督信仰的想像力與智慧，才可以具有重建完備基督信仰象徵體系的力量。在作品中充滿榮耀的圖象，同時又具體又真實地描繪這個世代的善惡與複雜。我們有了如此高超的恩賜和能力，才能把智性層面、世界層面和超越物質世界層面的真實，反映給世人。所謂切切地仰望神，真的要跪下來抬起頭，定睛仰望神，不可左顧右盼。我們更要靜心，長久等待，不能半途而廢。我的經驗證明，我們若能如此，神就會賜下特別的恩賜和能力，成就祂的心意。在這樣的情況下，我們才能做到描述真理，以符合所見世事的實體與真相，並且營造出一些意象，成為當今世代與上帝自我啟示的中介。

二〇二一年四月九日寫成這篇文章。

35
《天堂篇》的震撼

但丁（一二六五至一三二一年）生於義大利，在歐洲而言他是最偉大的詩人。他以史詩《神曲》留名後世，對歷代傑出的作家影響深遠，堪稱大師中的大師。對筆者而言，《神曲》的第三篇《天堂篇》，尤其是最後一章，實在給我無比的震撼！因為它所展示的，是人類感情的至高和至深。它呈現出人能到達那個最高層的天，與三位一體的神有直接的相遇，並且與神有深切的交流與契合。在文學作品中真是十分難得！

與神相遇的狀態已經難以用清晰的語言來解說，可是但丁卻明確地指出：「啊，我藉著沛然流佈的恩典，／大著膽諦視那永恆之光，／結果凝望全部消耗於炯焰！」這種消耗是怎樣？沒有詳細說明，不過引起很大的想像，因為凝望永恆之光與炯焰相連，感覺新奇。其後的詩句更指向宇宙的深處：「在光芒深處，只見宇宙中散往／四方上下而化為萬物的書頁，／合成了三一巨冊，用愛來訂裝。」這種描述更難想像？是的，但具體之餘又充滿景象。「三一巨冊」當然顯示神的本體，但是如何用「愛」來「訂裝」呢？如此描述仍然具體和深刻。在人而言，「愛」與耶穌是分不開的。

真正目睹神三位一體的真像，其實不容易描述出來，但丁卻能做到：「在高光深邃無邊的皦皦／本體，出現三個光環；三環／華彩各異，卻同一大小。／第二環映自第一環，燦然／如彩虹映自彩虹；第三環則如／

一二環渾然相呼的火焰在流轉。」從看到的我們又能夠明白多少？只是這一句：「如彩虹映自彩虹」，把現實的彩虹加以想像，我們有很大的感受，但是難於言表，因為彩虹的美麗，我們都看過，「彩虹映自彩虹」，一定不是有十四種顏色那麼簡單。光環之間可以互相反映，而其中又出現火焰在流傳！這樣的描述實在難以想像，可是仍然具體又能感受。當然，這是三位一體的動態描寫，我們要有基本的理解才能多點想像。但是只有神學的論述並不足夠！

深切感受這一切，但丁又會怎樣表達他能夠了解的情況？他如此形容：「當我的眼睛對著它諦視有頃，／在光環內，在光環本身的華彩上，／彷彿繪著我們人類的面容。／為了這緣故，我全神貫注地凝望。」肯定是以個人層面來表達，可是又有不少地方不清楚。在華彩上「彷彿繪著我們人類的面容」，在腦海中我們可以想像甚麼？一定不是在面容上有七種顏色！相反，這副面容是十分美麗的，因為這是具體地表現聖子的人性！

但丁繼續專注：「一心要明瞭，那樣的容顏怎麼／與光環相配而又安於其所。／可是翅膀卻沒有勝任的勁翮——／幸虧我的心神獲靈光燿然／一擊，願望就這樣垂手而得。」想像的「翅膀卻沒有勝任的勁翮」，實在沒有辦法，只有神的恩典。神的靈光燿然一擊，一切都不需要費心。然而當中有一種超然的聯繫，讀者不能不知！

最後的情況，不只是想像不到就不須想下去：「高翔的神思，至此再無力上攀；／不過這時候，吾願吾志，已經／見旋於大愛，像勻轉之輪一般；／那大愛，迴太陽啊動羣星。」若是「吾願吾志」已經「見旋於大愛」，他又如何「像勻轉之輪一般」？從表面上看來，我們沒法得知但丁在至高和至深的生命中，如何圓滿！

結束《天堂篇》最後一章，我們要進一步發問：如果推動整個宇宙是神本體的大愛，這份大愛應該不單在人類之中？在整個宇宙運行之中都被神大愛所推動，並且成為她最終存在的動力！結束《神曲》的一刻，其實隱含一種超越「天人合一」的境界。因為你真切感受到這種境界，你不只是在其中那麼簡單！因為但丁已融入「那大愛」之中，只可感受「迴太陽啊動羣星」的讚歎，那能再言傳甚麼！

本篇文章採用但丁·阿利格耶里：《神曲3：天堂篇》，黃國彬譯註（台北：九歌，2003），頁508至511的翻譯。二〇二一年十月二十五日寫成這篇文章。

後記

中國基督教的《紅樓夢》何時出現？

這篇後記，筆者要交代不少事情，比起過去三本作品的後記，篇幅仍然不短。以「中國基督教的《紅樓夢》何時出現？」作為這本論集的名稱，目的是直接指出這本論集隱藏的心意。在〈中國基督教的《紅樓夢》〉這篇文章之前或其後的感受與領悟，這個隱藏的心意並不明顯。然而，到了後期的文章，這個心意愈來愈明顯，現在回顧起來有一個脈絡可以追溯。從「封面文字」及「關於本書」，可以進一步闡釋。在其中，筆者總結前半生寫作的追求，同時開始追尋下半生如何寫作「理想的主題」。感謝撰寫序言與推薦文的前輩，並且作出一些回應。綜合所有事情，現在有了完整的方向，結束這篇後記，筆者仍然須要回應這本論集的名稱。

筆者從事文學創作多年，從早期開始已經切身感受倘若基督信仰失去文學的滋潤，我們的言語將變得貧乏，生命也會漸漸枯乾。無論從聖經或我們日常生活的言語，若沒有豐富的意義，並且在我們生命中發生作用，我們的生命真是漸漸枯乾。因為從聖經開始，神藉著言語給我們奇妙的滋潤。可惜，華人教會一直忽略文學對信仰的重要。真正的文學是融會作者整體的生命，才能寫出感人的作品。除了聖經註釋和神學作品，我們十分需要文學的滋潤。感謝神！華人教會仍然有少數的人繼續從事文學創作。筆者只是其中一位獻身多年的弟兄。

這本論集有多篇文章，不斷呈現「優秀的基督教文學何時才會盛放？」

的願景。第一篇〈苞蕾如何盛放？——基督教文學創作有感〉已見端倪。一年多後，筆者再寫出〈應當默默無聲！——又談基督教文學〉。〈文化傳統與文學創作〉再從文化傳統進一步解釋文學創作，目的只是深入了解「基督教文學何時才會盛放？」〈文化深耕的文學詮釋〉這一篇文章，又從另一些層面探討「優秀的基督教文學」的內涵。當然這是重要的探討。〈中國基督徒作家「要學」高行健？〉再從另一個特別的層面探討，討論的不只是「優秀的基督教文學」而是「說不定可創作出中國基督教偉大的文學作品來！」至於數年前的文章〈何時才有一流的基督教文學？〉，事實上又再一次面對「優秀的基督教文學何時才會盛放？」不過，這一篇文章更面對現實，並且表達筆者願意與這一代人同行。

筆者的確熱愛文學，這本論集有多篇文章表現筆者心繫基督教文學發展。多年來默默筆耕，寫了不同類型的作品，在其中不斷鼓勵信徒和教會更加重視基督教的文學創作，甚至肯定文學創作的呼召。例如〈文學創作的呼召〉與〈如何看得中肯？〉是最明確肯定文學創作的呼召，並且如何看待有此呼召的人的位置，最後達到中肯的地步。

對小說創作的研究反思，最具體的成果當然是過去數年潛心研究與創作小說，寫成《不是推銷員》這本小說集。對小說創作的研究反思筆者一直重視，並且形成一些具體的情況。〈小說？小說！〉的不少內容，早已成為筆者創作小說的核心觀念，尤其是如何「創造一個獨特的小說形式」，多年來創作小說一定包含這個思考。這一篇〈果真可以，「為了忘卻」而敘述？——翻閱《當代小說與集體記憶——敘述文革》後的感想〉直接指出「以基督信仰為出發點的小說，『療治』那一代或受其影響的二、三代人！」這是獨特的小說創作。〈改良第二人稱敘述的本質〉最為具體並且有創新之舉，因為它提出一種新的寫作方法，並且早已產生一篇實驗性的作品。

還有對深度信仰作品的探討闡釋，是更深入的開發。〈當代基督徒作家，需要進深！——評介胡燕青一次講座的大綱〉從「探討基督教文學創作的本質問題來看，胡燕青為一次講座所寫下的大綱，已成為重要的文論。」直到今天，筆者仍然沒有懷疑這個看法，在日後作出更深的融合。

〈中國基督教文學的獨特貢獻〉可以說，對〈中國基督教的《紅樓夢》〉作出另一層次的相關討論。現在回想，這是非常特別的開發，是前人沒有思考的方向。〈我們甚麼也沒有？〉再「進一步闡釋」〈當代基督徒作家，需要進深！——評介胡燕青一次講座的大綱〉「仍未深入開展的領域」到達「『有聖靈居中作主』的『生命圖象』，逐步經歷『離』和『合』中各種進程和改變，最終使我們獲得自我身分的確認（personal identity）。」結果「我們將會發現，我們真的甚麼也沒有！」最後的結論「惟有我們在這樣的生命中，寫作才可以不斷進深，也才能完成神在我們的寫作上要達成的真正影響！」這也是前人沒有思考的方向。以上開發的程度，應該相當深入；固然不是窮盡所有方向。因此〈近年含有「基督性」的小說〉是另一方向的開發。「有甚麼元素使含有基督教信仰的小說，可以有力地表現某些基督教信仰」是這篇論文探討的方向。有了這個方向的開發，才不偏離現實。

這條文字路上有不少感悟，而領受也特別深。在感悟方面，〈不斷謙卑〉提出的問題，不是單單在筆者的生命中存在，但凡願意以寫作來事奉神的人也要面對。惟有「不斷謙卑」才能徹底解決那個問題。〈耶和華是我的讀者〉是很短的文章，把它放在這本論集用意在於突顯「耶和華是我的讀者」的重要，因為「耶和華是我的讀者，我必不至驕傲。」「基督徒作家要用何等的虔誠，來呈獻他的作品，讓神閱讀！」在領受方面，〈正式開展中國基督教文學〉無疑涵蓋的範圍，達到「中國基督教文學」的方方面面。在〈正式開展中國基督教文學〉的結束，筆者表達了「我的探討容或不能完全解決那些問題，但是我相信此文是一個較完備的分析，並且可供其他有心人繼續探討和實踐。」而〈綜論中國基督教文學的創建〉的末段，更是筆者的心聲：「這句話在三十九年後的今天仍然響徹雲霄，至少我作為其中一位基督徒作家，不敢不努力！這一代參與者或其他後來者，從以上的概述和分析，至少有少少啟發。筆者相信他們仍然不斷向前邁進，而這篇文章是其踏腳石，使他們繼續開疆拓土，最終照耀中國文壇！」

最後三篇文章〈進入永恆的神蹟〉、〈寫作、禱告與仰望〉與〈《天堂篇》的震撼〉，明確地指出筆者最深入的領受。〈進入永恆的神蹟〉總結多年來在自己身上有甚麼神蹟發生，而最奇妙的是這些神蹟可以進入永恆。〈寫作、祈禱與仰望〉從另一角度指出「基督徒作者經常需要描述真理，以符合所見世事的實體與真相，並且營造出一些意象，成為當今世代與上帝自我啟示的中介。」並且不可或缺的是「我們現在極需根據真實基督信仰的想像力與智慧，才可以具有重建完備基督信仰象徵體系的力量。」而〈《天堂篇》的震撼〉的領受特別深，在於「結束《神曲》的一刻，其實隱含一種超越『天人合一』的境界。」這裏明顯地指出基督教的文學作品，已超越中國思想的「天人合一」。無疑這也是指向「中國基督教的《紅樓夢》」。

因著以上各方面不斷開展、進深與領受的脈絡，「中國基督教的《紅樓夢》何時出現？」這個心意愈來愈明顯。這本論集最重要的文章〈中國基督教的《紅樓夢》〉，明顯地隱含本書的名稱。這篇文章的開始已經說「對中國基督教文學而言，產生一部如同《紅樓夢》那樣偉大的小說作品，其中包含的種種問題是十分複雜和難解的。這些問題在十年、二十年或更長的年日，相信都不能一一澄清和解決，然而筆者作為基督徒小說家，而且在小說創作上更有一股雄心，對以上的提問有另一種看法。」結束文章，筆者指出「總的來說，以上沒有真正回答如何產生偉大的基督教小說。然而，這些論述相信會引起一些基督徒小說家的關注，並且嘗試在創作上探索怎樣開展這個新的創作構思；這是一個滿有意思，也滿有困難的創作構思！最終，筆者十分盼望有生之年，可以看到中國基督教的《紅樓夢》！」經歷上面不斷開展與進深的追尋，近年筆者存在一個「私心」。

去年三月曾經與啟蒙老師陳鎮業先生，直接表達這個「私心」：

我在神面前承認自己有「私心」！我十分盼望有生之年，能夠寫出一部「中國基督教的《紅樓夢》」。然而，正如這篇文章指出，「產生一部如同《紅樓夢》那樣偉大的小說作品」有不少「十分複雜和難解」的問題，不能在短時間內可以解決！而我需要有極大的能力及恩賜才能寫出如此一部作品。似乎我不是當代最適合的人選——雖然那個「創作構思」是我提出的，但是源頭是神感動我的，我才能提出——因為，無論在文學修養、寫作能力或人生閱歷，我仍然有極大的不足！現在已過天命之年，而餘生尚有三十年，已是神給我很大的恩典！其實，我應該不存這個「私心」吧。

由於以上各種情況，筆者精選三十五篇文章，與奉獻寫作三十五年作為對照，總結前半生寫作的追求。總結前半生寫作的追求，重點在於寫作的「恩賜」與「能力」。在多篇文章中不斷出現「恩賜」與「能力」這兩個詞語。現在可以直接説出心中的感動。筆者深信一位基督徒作家，一定不能沒有聖靈所賜的恩賜及能力。如果他沒有這些恩賜與能力，只憑個人的天賦，他走的道路不會太寬闊或很有深度。筆者就是一個例子！如果只靠自己的天賦和能力，一定寫不到現在的水準。筆者只能夠感恩再感恩！

雖然這本論集總結前半生寫作的追求，但是它刻意遺漏不少文章。筆者至少刻意遺漏一個系列的文章沒有放在這本論集，就是「散論聖經與小説創作」。它有五篇文章，分別是〈如何運用聖經？〉、〈大大、小小的「交叉相對」〉、〈「交叉相對」的機杼〉、〈「交叉相對」的變化〉與〈運用「交叉美學」與「對偶美學」〉，它們合計起來，近兩萬字。日後仍然思考聖經與小說創作更深層的關係。當然，現在筆者仍然認為沒有窮盡「交叉相對」這種敍事技巧的全部內涵。筆者仍然繼續探索「交叉相對」更深層的內涵。那時的論文，增加四萬字或六萬字，甚至更多。

前半生寫作的追求，不能不提沒有創作一些文章。筆者刻意沒有創作一些文章，這本論集也存在多篇。〈正式開展中國基督教文學〉提及三篇文章〈三言《我和上帝有個約》〉：〈一言：《我和上帝有個約》的主題與深度〉；〈二言：《我和上帝有個約》的敍事技巧〉；〈三言：《我和上帝有個約》在當代基督教小說史上的定位與貢獻〉。現在回想，當年應該沒有足夠的能力寫作這些文章。未來的日子，不會寫作這三篇文章。順著這方面的思考，日後可能撰寫一些文章，探討近代中國基督教小說的主題與技巧。

另一方面，筆者也開始追尋下半生如何寫作「理想的主題」。事實上，多年前已有一個核心的「理想的主題」，不過把它濃縮於一副對聯。這副對聯與《紅樓夢》另一副對聯，關係密切。直接地說筆者刻意與它相對。那副對聯就是「假作真時真亦假，無為有處有還無」。筆者的對聯早已在〈獨白〉這篇小說出現：「永作現時現亦永，實為虛處虛還實」（見《一個人》，頁49）。《紅樓夢》那副對聯，數百年來已有很多人詮釋，不用再加添甚麼。「永作現時現亦永，實為虛處虛還實」這副對聯，融合筆者當時的信仰經歷和研究。當然，現在仍然不斷豐富和加深，並且對聖經與不少神學家的論述，將來作出更深入的融合和開展。

現在只能作出精簡的闡釋。「永作現時現亦永」，那個「永」代表永恆存在的生命。永恆存在的生命是從人生某一刻信主開始，在人生的經歷已經非常豐富，但永恆存在的生命並不完全在今生。她是「一而二又二而一的世界」（詳見〈中國基督教的《紅樓夢》〉），並且由此進入永恆。「現」是指現實生活的世界。在現實生活的世界，含有永恆的元素，但是在「既濟未濟」之中，情況是十分複雜和弔詭的。因此，現在包含永恆，但永恆不在現實世界完全展現。而「實為虛處虛還實」的「實」，代表現實的生命。

這種生命仍是一個實體，不是虛幻。雖然這個世界有空虛、失落與傷痛，但這個實體在這個世界中還是真實的。這個實體有豐富的內涵，不是三言兩語可以道盡。這個實體不能以中國儒、釋、道等思想貫通。因為彼此之間存在本質上的不同，然而又不是完全不能相提並論。在文學上應該有對照，甚至有深層的呈現。這種文學上「永」和「現」與「實」和「虛」的表達，過去中國基督教文學仍然未能表達這個嶄新的層次。還有一個方向不能忽略，就是「永恆存在的生命」與「永遠死亡的生命」的對比。筆者真的希望滄海遺珠，現在已經出現這種作品！

筆者感謝撰寫序言與推薦文的前輩，同時作出一些回應。非常感謝蕭恩松牧師撰寫序言！蕭牧師遠在美國，這段時期身體不適，他仍然用盡心力寫了這篇序言。他提出「愛的篇章」與「綿羊和山羊的比喻」兩段經文，並且以洞見的方式表達出，有人能將這兩段經文的中心思想充分發揮，寫成「促使讀者照著去行的文學作品，就與所謂『基督教的《紅樓夢》』相去不遠了。」日後在一些小說中筆者會詳細思考，並且作出一些融會。十分感謝梁永泰博士撰寫序言！認識梁博士多年，只是去年十二月邀請他為這本論集寫一篇序言，他很快就答應了。他提到「容靈對大家的寄望：中國基督徒寫出《紅樓夢》水平的作品，應該不會落空，我們一起努力吧！」在現實上的確如此。大家一起努力，才有可能寫出具有《紅樓夢》水平的作品。

衷心感謝林國彬牧師撰寫推薦文！筆者是香港浸信會神學院信徒教育部的畢業生，數年前才認識林牧師。他在百忙中寫了這篇推薦文，並且用上心思。林牧師提及三浦綾子《冰點》是呼應我寫胡燕青。他引用盧達（James E. Loder）的看法，「聖靈是所有人類想像力和創意的根源」是呼應筆者寫聖靈居中作主，也直接指出這本論集多篇文章背後的用意。他更指出「文學創作，讓我們初嘗聖靈轉化的能力和作為」。筆者的經歷呈現一個事實：文學創作不只是初嘗聖靈轉化的能力和作為。因為說到底，是聖靈的恩典，筆者在小說創作的探索與文學本質的分析上，才能達到現在的深度與廣度。

最後，綜合所有事情，現在有了完整的方向，在結束這篇後記，筆者須要回應這本論集的名稱。結合去年七月寫成《不是推銷員》的〈後記：

一個階段的總結〉，那時候「開始追尋下一個創作的夢」，現在加上追尋下半生如何寫作「理想的主題」。兩者結合，成為筆者在文學創作上完整的方向，也是最終的歸宿。透過這個完整的方向，在人生的終結，筆者相信可以歡歡喜喜回到主的身邊。因此，「中國基督教的《紅樓夢》何時出現？」仍然與筆者相關。大概在二十年後可能出現中國基督教的《紅樓夢》。不過是否真的出自筆者這個完整的方向，最後要看主的心意，強求不得。

二〇二二年四月十五日